Michael Meyen

Wie ich meine Uni verlor

Das Buch

Wissenschaft ist die Religion der Gegenwart. Wer etwas durchsetzen will, braucht die Absolution der Gelehrten. Diese Deutungshoheit macht die Universitäten attraktiv für alle, die tatsächlich etwas durchsetzen können. Dieses Buch erzählt, wie die Freiheit der Wissenschaft im letzten Vierteljahrhundert systematisch ausgehöhlt worden ist, und kann so auch erklären, warum viele Ältere heute Probleme mit jungen Leuten haben, die ganz anders ausgebildet wurden als sie selbst.

Der Autor

Michael Meyen – geboren 1967 in Bergen auf Rügen – wollte Sportreporter werden, hat in der DDR begonnen, Journalistik zu studieren, und ist dann 2002 Professor für Allgemeine und Systematische Kommunikationswissenschaft an der Ludwig-Maximilians-Universität München geworden. Er hat drei große Forschungsverbünde als Sprecher geleitet und war so gewissermaßen mittendrin, als die alte Universität im Zeichen von Bologna, Shanghai und Politisierung beerdigt worden ist.

Michael Meyen

Wie ich meine Uni verlor

Dreißig Jahre Bildungskrieg.
Bilanz eines Ostdeutschen

edition ost

Inhalt

Ein paar Sätze vorweg

Den Titel habe ich von Birk Meinhardt geborgt, einem Journalisten, Jahrgang 1959, der in den Olymp aufgenommen wurde, obwohl seine Karriere bei der *Jungen Welt* begonnen hat, dem Organ des Zentralrats der FDJ. Das Buch von Meinhardt, erschienen 2020 in diesem Verlag, heißt *Wie ich meine Zeitung verlor* und erzählt die Geschichte einer Entfremdung – geschrieben von einem Ostdeutschen, der sich trotz aller Preise und der Freiheiten, die damit verbunden waren, mehr und mehr an seine Jugend erinnert fühlte, damit in der Redaktion aber kein Gehör fand und erleben musste, dass auch in der *Süddeutschen* längst nicht alles gedruckt wird, was die Reporter draußen hören, sehen und für wichtig halten. »Welch Hilfe für heute, jenes lange Vorher«, sagt Birk Meinhardt über sein Leben in der DDR. »Ich rieche jede neue Propaganda«. Und: »Ich habe mit mir abgemacht, ungesunde und mich ewig beschäftigende Kompromisse nicht mehr einzugehen.«

Wenn der Journalismus der Ausspielort ist, der Kanal, der die Lieder verbreitet, die alle zu singen oder wenigstens zu kennen haben, dann sind die Universitäten das Produktionsstudio. Hier wird komponiert, hier werden die Musiker konditioniert und ausgesiebt. »Das ist ja alles nur noch in eine Richtung gebürstet!«, schreibt Birk Meinhardt über die *Süddeutsche Zeitung* der späten 2010er Jahre. »Das ist ja ein Dauerzustand geworden: einer Haltung Ausdruck zu verleihen und nicht mehr der Wirklichkeit. Die Wirklichkeit um die Teile zu reduzieren, die nicht zur Haltung passen, und dafür die Teile überzubetonen, die sich mit der Haltung decken«. Ein paar Zeilen später nimmt er das Wort »Haltung« zurück. Nichts »Selbstdurchdachtes«, nichts »Selbsterarbeitetes«, nein. Die Ex-Kollegen seien eher wie »Späne«, die ihre Lage verändern, wenn der Magnet gedenkt, sich mal wieder zu drehen.

Dieses Buch entzaubert den Magneten. Ich bin acht Jahre jünger als Meinhardt, war aber trotzdem tief genug drin in der DDR, um aus dem Zusammenbruch einen Kompass zu ziehen, der wild ausschlägt, wenn Freiräume eingeschränkt und Bekenntnisse verlangt werden. Mein Thema ist die Universität. Was Birk Meinhardt bei der *Süddeutschen Zeitung* beobachtet hat, ist mir ein paar Kilometer weiter fast genauso widerfahren, an der Ludwig-Maximilians-Universität. Noch ein Ostdeutscher, ebenfalls verstrickt in das alte System, der es nach München geschafft hat und es dabei nicht bewenden lassen will, weil er weiß, was aus einer Gesellschaft wird, wenn Presse und Universitäten am Gängelband geführt werden.

Birk Meinhardt hat weitgehend auf Namen verzichtet. Ich halte das genauso. Es geht mir nicht um eine persönliche Abrechnung, sondern um das Prinzip. Ich hätte auch *Die Unterwerfung der Universitäten* auf das Cover schreiben können. Ohne das Buch von Meinhardt aber wäre ich gar nicht auf die Idee gekommen.

1. Auftakt

Über ein Buch, das es nicht geben dürfte

Wissenschaft ist die Religion der Gegenwart. Um etwas durchzusetzen, brauche ich Priester mit Professorentitel, Studien, Akademien, Ethikräte. Ohne die Weihen von Gelehrten keine Absolution. Diese Deutungshoheit macht die Universitäten attraktiv für alle, die tatsächlich etwas durchsetzen können. Große Unternehmen, Stiftungen, Parteien, überhaupt: die Politik und ihre Behörden. Dieses Buch erzählt, wie die Freiheit der Wissenschaft im letzten Vierteljahrhundert systematisch ausgehöhlt worden ist. Heute wird nicht mehr das untersucht, was ein Professor, seine Schüler und seine Studenten für wichtig halten. Die Neugier der Forscher ist korrumpiert worden von einem System, das mit Geld und Ruhm lockt, Abweichler brandmarkt und dem Nachwuchs von klein auf eintrichtert, dass sich Anpassung und Nachbeten besser bezahlt machen als jeder Trip ins Ungewisse.

Eigentlich dürfte ich dieses Buch nicht schreiben. Ich gehöre dazu. Ich bin Teil des Systems und habe von ihm profitiert. Niemand beißt die Hand, die ihn füttert – erst recht nicht, wenn diese Hand einst als Friedensgeste gereicht wurde. Ich bin auf der Insel Rügen aufgewachsen und wollte schon als kleiner Junge so werden wie Heinz Florian Oertel, ein Star des DDR-Fernsehens. Auf Rügen gab es kein TV-Studio. Also habe ich als Volkskorrespondent für die Lokalredaktion der *Ostsee-Zeitung* geschrieben, bin dort Volontär geworden und 1988 schließlich Student an der Sektion Journalistik der Karl-Marx-Universität Leipzig, der Kaderschmiede für die Propagandisten des Sozialismus.

Kurz danach ist meine Welt zusammengebrochen. Die neue hat gesagt: Mit Leuten wie dir wollen wir nichts zu tun haben. Ihr seid schuld am ostdeutschen Unglück. Der Freistaat Sachsen hat die Sektion Journalistik im Dezember 1990 abgewickelt und uns Studenten in die Wüste geschickt. Fangt von vorn an. Macht was Gescheites.

Ich war im fünften Semester und hatte schon Frau und Kind. Mit Anfang 20 standen wir buchstäblich am Abgrund. Nicht einmal elf Jahre später kam ein Ruf der Ludwig-Maximilians-Universität München. Die beste Hochschule des Landes wollte mich. Professor am Institut für Kommunikationswissenschaft und Medienforschung. Ich konnte das gar nicht glauben und hätte fast Recht behalten. Der Arm der Vergangenheit ist lang, und die Akten vergessen nichts. Das ist wie beim Videobeweis im Profifußball. Was auf dem Feld harmlos wirkt und durchgewunken werden kann, wird auf dem Bildschirm und in Zeitlupe zu einem monströsen Foul. Sechs Monate hat die Prüfung bei mir gedauert. Am Ende stand eine ausgestreckte Hand, angeboten von dem Beamten, der im bayerischen Wissenschaftsministerium für meine neue Alma Mater zuständig war. Auch hier machen Leute in ihrer Jugend komische Sachen, hat er sinngemäß gesagt.

Mit zwei Jahrzehnten Abstand ist kaum noch nachvollziehbar, was das seinerzeit bedeutet hat – für mich persönlich und überhaupt. Ein SED-Mitglied an der Universität München. Ein kommunistischer Agitator, Mitte 30 erst, ein Alter, in dem andere gerade anfangen, über ein Thema für ihre Habilitationsschrift nachzudenken. Diese Bundesrepublik, habe ich gedacht. Vielleicht auch nur: Bayern. Jedenfalls: Es ist doch nicht so verkehrt. Sie haben zwar aus einer Lebenszeitstelle einen Sechs-Jahres-Vertrag gemacht, okay, aber ich bin noch jung und werde mich bewähren.

Also: Es gibt sie tatsächlich, die *Liberalitas Bavariae*. Leben und leben lassen. Die Zukunft war kein Mysterium mehr. Ich würde beweisen, dass diese Berufung kein Fehler war, und mein neues Nest mit Sicherheit niemals beschmutzen.

Es geht in diesem Buch nicht um mich. Das Thema ist zu groß für irgendwelche Eitelkeiten. Wer die Universitäten beherrscht, bestimmt, wie wir leben. Die Universität ist das Nadelöhr, das jeder passieren muss, der irgendwann irgendwo etwas zu sagen haben will. Schuldirektoren und Lehrer, Staatsanwälte und Richter, Pfarrer, CEOs und Chefredakteure, Landräte, Theaterintendanten und Ärzte, Minister und Behördenleiter: Sie alle haben studiert. Selbst Oliver Kahn hat einen MBA im Bereich Management. Es gibt Ausnahmen, sogar an der Spitze einer Regierungspartei. Aber auch diese füllige Frau nennt in ihrem Lebenslauf zwei Universitäten. Hier wird das Personal geformt, das später die Weichen für uns alle stellt. Man kann über Schule und Kitas schimpfen, über die Justiz und über die Kirche. Man kann fragen, was in der Kultur los ist, in der Politik und im Gesundheitswesen. Man kann den Kopf schütteln, wenn man Zeitung liest oder Bekanntmachungen der Ämter. Wer dem Übel auf den Grund gehen will, kommt an den Universitäten nicht vorbei. Hier wird das Fundament gelegt, auf dem alles andere wächst. Und dieses Fundament hat heute nichts mehr mit der Universität zu tun, an die sich frühere Studentengenerationen erinnern.

Vielleicht hat das der Beamte geahnt, der 2002 in München mein rettender Engel wurde. Vielleicht hat er gewusst, dass Erkenntnis Reibung braucht. Normalerweise reproduzieren sich die Akademiker selbst. Ein Professor zieht möglichst viele Schüler heran und sorgt dafür, dass sie später als Professoren seine Ideen auch dann weitertragen, wenn er längst emeritiert oder pensioniert ist. Ich kam aus dem Osten und nicht aus irgendeiner Schule. Ich hatte Journalistik studiert und nicht Kommunikationswissenschaft, das Fach, das ich nun an der Ludwig-Maximilians-Universität vertreten sollte. Dafür hatte ich schon drei akademische Ordnungen erlebt und war dabei, in die vierte einzusteigen, die gerade unter dem Namen *Bologna* heraufzudämmern begann und sich nicht nur von der DDR und den achtzehn Monaten der Selbstorganisation erheblich unterscheiden würde, die ich vom Herbst 1989 bis zum

Frühjahr 1991 in Leipzig genießen und erleiden durfte, sondern auch von allem, was die Universitäten der alten Bundesrepublik stark und attraktiv gemacht hatte. Vielleicht kann so ein Außenseiter, mag sich dieser Beamte am Salvator-Platz in München gedacht haben, vielleicht kann so ein Außenseiter nicht schaden, wenn wir gerade dabei sind, ein neues Regime zu installieren, das wenig später neben Leistungspunkten und Noten für jeden noch so kleinen Kurs auch H-Index und Impact-Faktoren, Exzellenzinitiative, W-Besoldung und Shanghai-Ranking hervorbringen sollte und damit eine ganz neue Gesellschaft.

Ich muss zugeben, dass ich all diese Reformen am Anfang mochte. Ich bin schon nach gut einem Jahr Institutsdirektor geworden und war so zuständig für die neuen Studienordnungen. Vieles erinnerte mich an das, was ich aus der DDR kannte. Es gab jetzt wieder eine Art Stundenplan und damit Klassen- oder zumindest Jahrgangsverbände. Ich dachte: Das wird der Massenuniversität den Schleier der Anonymität wegziehen und die Seminare beleben, weil Menschen, die sich kennen, eher bereit sind, sich aufeinander einzulassen als Unbekannte. Ein Irrtum, im Rückblick auch zu erklären mit dem Siegeszug der Digitalplattformen, die nicht nur einer neuen Cancel Culture den Weg ebneten, sondern auch der Angst, sich alles zu verbauen mit einem einzigen Satz oder einem Bild, festgehalten für die Ewigkeit. Ich habe sogar die Studiengebühren verteidigt, die 2007 in Bayern kamen, weil wir so Ansprechpartner einstellen konnten, die den jungen Leuten genauso wie uns halfen, das Chaos zu ordnen. Fünf Jahre später hat der Freistaat gesagt: kein Problem. Die 500 Euro pro Semester und Student zahlen wir aus der Portokasse. Die Wölfe drehen es so, wie es gerade passt, und wer einmal mit ihnen geheult hat, bekommt schnell ein Schleudertrauma, wenn er jede Wende mitmachen will.

Am meisten entgegen kam mir der Zwang zum Publizieren. Publish or perish. Schreibe oder verpiss dich. Diese Formel ist viel älter als ich, schien aber wie für mich gemacht. Ein ausgebildeter Journalist, der beweisen wollte und musste, dass sich weder die Berufungskommission geirrt hat noch der Beamte im Ministerium. Also schrieb ich. Erst auf Deutsch und dann, als ich alle anderen überholt hatte, auf Englisch. Heute sehe ich das als Folge der Diktaturerzählung, die sich wie Mehltau über die Erinnerungen an die DDR gelegt hat, jedes ostdeutsche Leben unter einen Generalverdacht stellt und jemanden wie mich so dazu zwingt, besser sein zu müssen als gleichaltrige Westdeutsche.

Dirk Oschmann, ein Thüringer, Jahrgang 1967 genau wie ich und jetzt Literaturwissenschaftler an der Universität Leipzig, hat 2023 die Bestsellerlisten erobert mit der These, dass eine Herkunft aus dem Osten immer noch als ein Makel gesehen wird, selbst bei den Nachgeborenen. Ein Chefredakteur, der mit mir am »Roten Kloster« in Leipzig studiert hat, erzählte mir in einem biografischen Interview von seinem ersten Besuch bei einer Zeitung in Baden-Württemberg, kurz vor dem Geldumtausch im Sommer 1990. Noch dreißig Jahre später war er genervt von der Einfalt der Journalisten im tiefsten Westen, als es um Zwänge ging, zum Beispiel durch Anzeigen oder Verleger. »Mein Ehrgeiz war ab jetzt, besser zu sein als der beste Wessi.«

Ich erwähne das auch, weil der Verdacht naheliegt, dass sich in diesem Buch jemand am System Wissenschaft abarbeitet, der nicht klargekommen ist mit den Anforderungen und nun einen Adressaten braucht, um eigene Unzulänglichkeiten mit Umständen entschuldigen zu können, die er nicht beeinflussen kann – frei nach der Fabel vom Fuchs und den Trauben. Nein, die Früchte waren süß und ich habe sie genossen. Neugier und Publikationsmenge haben mir erlaubt, drei interdisziplinäre Forschungsverbünde als Sprecher zu leiten und auch sonst nahezu alles zu erreichen, was in einer kleinen Disziplin am Rande des akademischen Feldes möglich ist. Ich werde darüber im übernächsten Kapitel berichten. Sie werden sehen: Hier spricht niemand, der Frust abladen muss nach Jahren der Erfolglosigkeit. Hier spricht ein Ostdeutscher, der gegen jede Wahrscheinlichkeit an der Universität aufsteigen konnte, bis er anfing, die Narrative der Macht öffentlich in Frage zu stellen und seine akademische Reputation für die Ideen und Werte des 89er Herbstes einzusetzen.

Ich musste stutzen, als ich diesen letzten Satz noch einmal gelesen habe. Die Demos in Leipzig und anderswo haben das Rad genauso wenig neu erfunden wie die Runden Tische, die es ab Dezember 1989 für einen paar Wochen schafften, den Traum vom Mitreden und Mitbestimmen am Leben zu halten. Vielfalt ist eine journalistische Norm, die weit über einen bestimmten

Ort und eine bestimmte Zeit hinausweist. Alle Themen auf die große Bühne, alle Perspektiven auf die große Bühne – und zwar so, dass das Urteil nicht gleich mitgeliefert wird, sich die Menschen tatsächlich selbst eine Meinung bilden können und auch dann das Gefühl haben, wenigstens gehört worden zu sein, wenn sie einmal in der Minderheit sein sollten. *Auftrag Öffentlichkeit*, sagt Horst Pöttker, Jahrgang 1944, ein Medienforscher der alten Garde, der Anfang der 1990er Jahre zu uns in den Osten kam und das auf den Begriff brachte, was wir Studenten anderthalb Jahre lang diskutiert hatten. Wie sieht ein Journalismus aus, der nicht zum Diener einer Partei wird und auch nicht zum Knecht der Wirtschaft? Wie verhindern wir, vom Regen in die Traufe zu kommen?

Vermutlich verkläre ich diese Zeit. Vermutlich muss ich sie verklären, weil mir kein Mensch glaubt, was wir damals erlebt haben. Das beginnt schon mit meinem ersten Semester in der alten DDR, von dem die hegemoniale Geschichtsschreibung sagt, ich sei von morgens bis abends mit Rotlicht bestrahlt worden, um die Botschaften der Partei möglichst bald in jedes Haus tragen oder bei Bedarf auch zum Geheimdienst wechseln zu können, wenn ich nicht ohnehin schon von dort bezahlt worden bin. Meine Erinnerung sagt: Das alles gab es. Viel stärker hängengeblieben sind dort aber die Debatten. Das *Neue Deutschland*? Das ist doch keine Zeitung. Die *Aktuelle Kamera*? Furchtbar. Schade um das Geld. Ich hatte gerade drei Jahre in Uniform hinter mir, zu überleben nur mit einem Ja und Amen zu allem und jedem. Und nun das. Offene Revolte dort, wo Betonköpfe am Werk sein sollten, befeuert von Dozenten, die sagten, dass mit dem Sozialismus auch die DDR verschwinden werde, wenn sich nicht bald etwas ändere. Ich erinnere mich an hohe Tiere aus Berlin, die den Laden zur Räson bringen sollten, und an knallende Hörsaaltüren, weil vor allem ältere Semester genug hatten von den immergleichen Phrasen.

Die Universität: Das war für mich der Ort, an dem ich erwachsen werden wollte. Ich habe das damals sogar so gedacht, ohne wirklich zu wissen, was das heißt – erwachsen zu werden. Zwischen meinem Elternhaus und Leipzig liegen 500 Kilometer. Vor 35 Jahren eine kleine Weltreise. Journalistik gab es nur dort und nicht in Greifswald oder in Rostock, zwei Universitäten vor der Tür. Ich wollte eine Frau finden, einen Beruf und einen Sinn. Ich wollte wissen, wer ich bin. Mein Vater hatte oft von seiner Studienzeit geschwärmt. 22 Semester. In der Familie war das ein geflügeltes Wort. Als Jugendlicher wusste ich noch nicht, dass diese Zahl bei ihm auch für sozialen Aufstieg stand, für den Flüchtlingsjungen aus Stettin, der seinen Erzeuger nicht kannte, bei einem Bauern in Mecklenburg als ungeliebter Bastard aufgewachsen war und sich dann nach der Lehre Schritt für Schritt Bürostuhl, Dienstwohnung und Dienstauto erarbeitet hatte. Für mich waren die 22 Semester ein Versprechen. Ich würde lernen können, ohne schon produzieren zu müssen – so lange, wie ich will.

Die Universität: Das ist auch ein Moratorium im Leben. Eine Atempause und damit ein Luxus, der in

München und Hamburg teurer ist als in Ilmenau oder Saarbrücken. Ich schreibe das im Präsens, weil ich nicht lassen mag von einem Ort, der jungen Menschen erlaubt, sich umzuhören, etwas auszuprobieren und dabei wenigstens versuchsweise zu wagen, die Pfade zu verlassen, die durch die Herkunft vorgezeichnet sind. Morgens liegen bleiben, obwohl Seminar ist, eine Vorlesung abbrechen, weil die Dozentin langweilt, den lieben Gott ein ganzes Semester lang einen guten Mann sein lassen: Das alles mag für jeden, der körperlich arbeiten muss, der Inbegriff des Lotterlebens sein, es hat sich aber bewährt als Etappe auf dem Weg zu Persönlichkeiten, die nicht alles nachplappern, was man ihnen vorsetzt, und selbst entscheiden können, was gut und richtig ist, obwohl (oder gerade weil) sie wissen, dass sich manches dem eigenen Handeln auch dann entzieht, wenn Verstand und Energie im Gleichklang sind. Wer etwas Pathos mag: Demokratie braucht Mündigkeit und Urteilskraft. Wir alle brauchen eine Bildung, die über Auswendiglernen hinausgeht, über Wissenshäppchen, aufgeschnappt in winzigen akademischen Parzellen, und über einen sechsten Sinn dafür, welche Themen ich mit welchen Sprachcodes und in welcher Zeit bearbeiten muss, um von der Sonne der Macht beschienen zu werden.

Ich werde in diesem Buch beschreiben, was Bologna aus dem Schwarzbrot des Akademikers gemacht hat – aus Vorlesungen, Übungen und überhaupt allem, was Freude am Entdecken und am Leben voraussetzt. Das beginnt bei der Lust am Lesen und endet nicht bei der

Unmöglichkeit, mit einer Seminargruppe einen Termin zu vereinbaren, der nicht schon Monate vorher in das Raster des Universitätsalltags gepresst worden ist.

Er habe gehört, schrieb mir ein Student einer ganz anderen Fakultät im Coronajahr 2021, dass es früher üblich gewesen sei, auch mal ein Bier mit den Dozenten zu trinken. Dieser junge Mann hatte mich in einem Video gesehen und wollte nun wissen, ob ich für so etwas zu haben sei. Er hat dann ein Dutzend Gleichgesinnte gefunden, ein buntes Häufchen von der Philosophie über den Film bis zur Biologie, und wir hatten in meinem Büro einen Abend, der so selten geworden ist wie junge Leute, die ein Forschungsproblem nur deshalb bearbeiten, weil es sie einfach interessiert.

Erwachsen werden: Das heißt, Entscheidungen treffen und dazu stehen, wenn etwas schiefgeht. Das heißt, aus den Bahnen auszubrechen, die Eltern, Lehrer, Mentoren vorgezeichnet haben, und dabei zu wissen, dass es keine Garantie gibt für den Erfolg und dass ich das Schicksal auch dann nicht immer zwingen kann, wenn ich alles in die Waagschale werfe, was ich habe.

Raymond Unger, ein Künstler, der sich in seinen Arbeiten ganz altmodisch den eigenen Dämonen stellt, hat großartige Bücher geschrieben über dieses Paradox, das bei ihm die Namen Unverfügbarkeit und menschliche Freiheit trägt. Unger erklärt den Mangel an reifen Erwachsenen, an Menschen, die nicht einfach stillhalten, wenn ihre Freiheit beschnitten wird, mit einem Transtrauma – mit dem seelischen Schmerz, den die Weltkriegskinder an die nächsten Generationen vererbt haben. Ein Professor wie ich muss nicht so weit zurückgehen und auch nicht psychologisieren. Es genügt, meinen Kollegen zuzuhören und zu beobachten, was alles dafür getan wird, damit Studenten Kinder bleiben.

Es gibt Ausnahmen, natürlich. Ich habe vor gut zehn Jahren Interviews zur Qualität der Lehre führen dürfen an meiner Fakultät, zu der neben Medienforschern wie mir auch Soziologen und Politikwissenschaftler gehören. »Die entscheiden für sich selbst«, hat dort ein Professor über seine Studenten gesagt. »Wenn jemand nicht motiviert ist, ist das sein Problem. Bei mir gibt es auch keinen Reader. Ich will nicht, dass alle das gleiche lesen müssen.« Eine der Ausnahmen, siehe oben. Die Regel habe ich jahrelang allen Erstsemestern gezeigt, ohne großen Protest zu ernten. Vermutlich wussten die Studenten, was Anna Normaldoktorin über sie sagt: »Tendenziell schon eher Heulsusen. Der Workload, der bringt einen nicht um. Bei uns geht es auch um Erziehung. Gerade bei den Kleinen. Das sind keine fertigen Erwachsenen. Wenn man das als Dozent denkt, dann schadet man ihnen. Man kann nicht alles durchgehen lassen und immer Verständnis haben. Die sind 18 oder 19. Ich habe auch ein Problem mit dieser Lehrfreiheit. Jeder darf lehren, wie er lustig ist. In den ersten zwei Jahren muss ein gemeinsames Fundament gelegt werden.«

Ich weiß, dass ich Glück hatte und dass das so für die Nachgeborenen auch dann kaum wiederholbar gewesen wäre, wenn die europäischen Regierungen das Betriebssystem der Hochschulen Ende der 1990er nicht komplett umgeschrieben und dabei das Zusammenspiel von Forschung, Bildung und gesellschaftlicher Verantwortung dem ökonomischen Diktat von Messbarkeit und Effizienz geopfert und Akademia so Machtinteressen zum Fraß vorgeworfen hätten. Ein Journalistikstudium in der späten DDR: Das war auch eine Gratwanderung. Was konnte man wo sagen, ohne eine Zukunft aufs Spiel zu setzen, die sich dem eigenen Zugriff entzog? Ein Kommilitone, so wurde gemunkelt, stand vor der Exmatrikulation, weil er bei einem Kabarett im Altersheim wider den Stachel gelöckt haben soll. Jeder kannte die Bekenntnisse, die von Zeit zu Zeit verlangt wurden, in Parteiversammlungen zum Beispiel oder beim Umtausch der Mitgliedsbücher, den die SED kurz vor Toresschluss ansetzte, um schwarze Schafe ausfindig zu machen. Ich war in einer Kommission, die solche Gespräche führte, und spüre noch heute Scham und Schuld, wenn ich an die Kumpels denke, die sich dort verbogen, und vor allem an mich selbst. Jemand wie ich muss allergisch reagieren, wenn der Zeitgeist erst nach den Universitäten greift und von dort aus nach allen, die dazugehören und vom Steuerzahler alimentiert werden wollen. Wenn es um Gendern, Corona, Klima geht, höre ich Klassenfeind, Weltfrieden und die unverbrüchliche Freundschaft zum großen Bruder, zur Sowjetunion.

Das Fundament, das die Dozenten an der Sektion Journalistik legen wollten, ist mitten in meinem Studium zerbrochen. Mehr noch: Viele der Baumeister wollten, konnten, durften nicht weitermachen. Und schon vorher, beginnend am ersten Studientag im September 1988, war die Wirklichkeit so stark, dass es sich für die meisten von selbst verbot, nicht auf das einzugehen, was draußen passierte. Die Marxismus-Vorlesungen waren voll, weil sie immer mit einem Kommentar zur Lage im Land begannen, der manchmal die gesamten neunzig Minuten füllte und für uns angehende Reporter ein Ansporn war. Man konnte für den Sozialismus sein und trotzdem anders klingen als das *Neue Deutschland* oder die *Aktuelle Kamera*. Ich halte es nicht erst seit Corona für meine Pflicht, so etwas auch den Studenten von heute zu bieten – vor allem dann, wenn ich einen Kontrapunkt setzen kann gegen das Einerlei der Leitmedien.

Die Reaktion ist vorhersehbar: Bleiben Sie bitte beim Stoff, Herr Professor. Wir haben eine Prüfung zu absolvieren. Ich zitiere hier aus zweiter Hand, weil solche Beschwerden nur über den Umweg Studienkoordination zu mir kommen. Niemand will es sich mit dem Prüfer verscherzen.

Der revolutionäre Herbst hat ziemlich genau achtzehn Monate gedauert. Am 18. Oktober 1989 hat neben Erich Honecker und Günter Mittag auch Joachim Herrmann hingeworfen, der Mann, der in der Parteispitze für Agitation und Propaganda zuständig war und so in gewisser Weise auch für die Sektion Journalistik. Im April 1991 kam ein Gründungsdekan aus München und brachte einen Bauplan mit für Institut und Studiengänge, der nichts zu tun hatte mit dem, was in der Zwischenzeit passiert war. Das ist überall im

Osten so gelaufen und ein eigenes Thema, vor allem dann, wenn man wissen will, wann und warum das Vertrauen in das neue System zerbrochen ist. An der Leipziger Universität waren die achtzehn Monate herrlich und schrecklich zugleich. Hier der Zauber, der zu jedem Anfang gehört, und dort die Ahnung, dass alles bald wertlos sein würde, was wir bisher an Knowhow und Zeugnissen gesammelt hatten. Noten und Unterschriften von Professoren, die auf Parteiticket berufen waren und darauf bauen konnten, dass die Redaktionen ihre Absolventen mit Kusshand nahmen und sich im Zweifel auch gar nicht wehren konnten. Wer sollte uns helfen, zum *ZDF* zu kommen oder zur *FAZ*? Vor allem: Was würde man dort davon halten, wenn der Gegner von einst plötzlich eine Bewerbung schickt?

Mehr Leben passt nicht in achtzehn Monate. Eine Versammlung nach der anderen. Laut, verräuchert, aufregend. Ein neuer Direktor, von allen im Hörsaal gewählt, anders als von vielen erwartet. Seminare, die einfach nicht weitergingen, weil die Dozenten abgetaucht waren. Gerüchte. Das Thema Stasi, was sonst. Vor allem aber: die wachsende Gewissheit, dass uns niemand retten würde, wenn wir es nicht selbst tun.

Dreißig Jahre später war ich im Archiv und habe vieles von dem gefunden, was damals entstanden ist. Ein Lehrangebot, das mehr oder weniger ad hoc zusammengestellt wurde. Viele prominente Namen aus dem Westen. Dort war man neugierig auf Leipzig. Und wir Studenten, das hatte ich verdrängt, sagten einfach, wen wir hören wollten. Eines der Zukunftspapiere, geschrieben von einer »Alternativgruppe«, die so hieß, weil sie ohne Professoren auskam, skizziert ein Studium, das im Wortsinn »frei« ist. Jeder sucht sich das, was ihn interessiert, ohne all die Schranken, die Fakultäts- und Institutsgrenzen setzen. Der Pflichtanteil? Minimal. Selbstorganisation statt Stundenplan. Und: Forschung statt Trichter. Vom ersten Tag an dort dabei sein, wo Wissen entsteht, und nicht einfach büffeln wie in einer Klippschule. Dieses Papier weiß auch, wie man das Handwerk in den Elfenbeinturm bringen kann. Der Königsweg in eine Medienredaktion führt hier nicht über Praktika an Orten, wo Verwertungsinteressen und Anpassungszwänge dominieren. Trainiert werden sollte im geschützten Raum der Universität, unterfüttert mit allem, was man über Sprache, Textformen und Wirkungen herausfinden kann.

Das war jetzt etwas viel Noch-DDR-Journalistik, ich weiß. Mein Punkt ist: All das ist von der Realität eines Bologna-Studiums weiter entfernt als der Mond von der Erde. Wie soll man erwachsen werden, wenn so ein Bachelorstudiengang aus genau zwei Fächern besteht und die Entscheidung für ein Seminar vor allem davon abhängt, ob der Zeitslot passt? Warum sollten sich junge Menschen auf die Unsicherheiten einlassen, die eine Befragung oder jede andere Form empirischer Forschung mit sich bringt, wenn es auch eine Zusammenfassung der Literatur tut? In meinen Vorlesungen empfehle ich immer noch Bücher und Vorträge, obwohl die Leistungspunkte-Arithmetik nur neunzig Arbeitsstunden vorsieht und so eigentlich kein Raum bleibt für irgendetwas, was aus dem Rahmen fällt. In den 1990ern, als Lehrbeauftragter in Leipzig, habe ich die Semester nie durchgeplant. Vor allem im Winter konnte man sicher sein, dass es spätestens in der siebten oder achten Woche stocken würde. Proteste, Demos, Streiks. Die Studenten von heute zucken mit den Schultern, wenn ich das erzähle. Sie haben längst verinnerlicht, dass man Lebenszeit bewirtschaftet und damit haushalten muss. Sie können Studienordnungen lesen und fragen nicht nach Literatur und Forschungsproblemen, sondern nach den Regeln. Was muss ich tun, damit Sie mir eine Eins geben, Professor Meyen?

Dass sich das auszahlt, sieht jeder Heranwachsende. Man kann heute mit Ende 20 Parteivorsitzende werden, mit Anfang 30 Trainer in der Fußballbundesliga und mit Anfang 40 Außenministerin. In den Leitmedien schreiben und sprechen Menschen die Kommentare zur Lage der Nation, die man früher für Volontäre gehalten hätte, und an den Universitäten werden Frauen zu Berufungsvorträgen eingeladen, die gerade erst den Doktorhut abgelegt haben. Ein Aufstiegsangebot an die Jugend, wenn sie denn bereit ist, in das Lied einzustimmen, das gerade angesagt ist: So haben die Nationalsozialisten ab 1933 ein ganzes Land umgebaut und die Kommunisten nach 1945 ein halbes. Die Unterwerfung der Universitäten gehörte in beiden Fällen ganz selbstverständlich dazu.

Um bei meinem Fach und dem Beispiel Leipzig zu bleiben: Der Lehrstuhl für Zeitungswissenschaft, damals der einzige in Deutschland, ging dort 1934 an

Hans Amandus Münster, Jahrgang 1901, nicht habilitiert, aber seit 1932 Mitglied der NSDAP und von Studenten unterstützt, die genauso überzeugt waren von der Bewegung wie er. Sein Vorgänger Erich Everth, Jahrgang 1878, hatte am 19. Februar 1933 auf dem Kongress *Das freie Wort* in Berlin über die Pressefreiheit gesprochen – das Ende einer herausragenden journalistischen und akademischen Karriere, gefolgt von einem viel zu frühen Tod. Als ich über ein halbes Jahrhundert später an diese Uni kam, gingen viele meiner Professoren auf die Rente zu – die erste Studentengeneration der DDR, in den 1950ern auserwählt, eine sozialistische Journalistikwissenschaft zu erfinden.

Die Jugend von heute ist von langer Hand vorbereitet worden auf die Gesellschaft, die sie jetzt am lautesten fordert. Die Hochschulquote liegt inzwischen bei über 50 Prozent. Das heißt: Jeder Zweite studiert. Ich beschreibe in diesem Buch drei Hebel, erdacht und angesetzt Ende der 1990er und Anfang der 2000er Jahre, die heute ihre volle Wirkung entfalten, weil die ersten Produkte der neuen Universität die Schaltstellen in Politik, Wirtschaft, Verwaltung entern und als Professoren gar nicht mehr auf die Idee kommen können, dass akademische Lehre mehr ist als die Zertifizierung von Sekundärtugenden und Forschung keine Magd der Macht.

Um dieser Macht ein Gesicht zu geben und um zu erklären, warum sie die Universitäten unterwerfen musste, skizziere ich im nächsten Kapitel ein System des Regierens, dem Sheldon Wolin, ein US-Politikwissenschaftler, geboren 1922 und nach 9/11 alt genug, um kein Blatt mehr vor den Mund nehmen zu müssen, den Namen »umgekehrter Totalitarismus« gegeben hat. Sie können auch gleich in das vierte Kapitel vorspringen, wenn Sie sich nur für die Hebel interessieren, sollten dabei aber wissen, dass mich die *Süddeutsche Zeitung* im April 2023 zum »umstrittensten Professor« meiner Universität gemacht hat und mir *Der Spiegel* ein paar Wochen später fast folgerichtig den Ehrentitel »Prof. Dr. Kokolores« verlieh. Wie es dazu kam, erzählt Kapitel drei.

Warum es dieses Buch nicht geben dürfte, wissen Sie wahrscheinlich auch so schon: Ich bin ein Fehler im System. Als es drei Jahre nach der Berufung um meine Entfristung ging, wollte das Ministerium vom Dekan wissen, ob ich an der Uni schon eine kommunistische Zelle gegründet habe. Das war die falsche Frage. An Zellen wurde längst in großem Stil gebaut.

Mit Kommunismus hat das alles aber nichts zu tun.

2. Macht

Wissenschaft im neuen Wahrheitsregime

In diesem Kapitel laufe ich Gefahr, mich selbst zu plagiieren, einerseits. In meinem Buch *Die Propaganda-Matrix*, erschienen im Juli 2021, habe ich mich ausführlich mit dem Thema beschäftigt, das die Überschrift ankündigt, und dies dann drei Monate später für das Onlinemagazin *Multipolar* vertieft, nachdem einige Leitmedien ein Video der Aktion *#allesaufdentisch* attackiert hatten, in dem es um Faktenchecker ging. Andererseits habe ich seitdem dazugelernt und verstehe vor allem das sehr viel besser, was jenseits des Journalismus passiert, der ja mein Hauptforschungsgebiet ist.

Die Texte von 2021 sezieren die Mechanismen, die dazu führen, dass etwas zu einer ›Wahrheit‹ wird, die niemand einfach ignorieren kann, liefern mit Michel Foucault und Hannah Arendt einen intellektuellen Rahmen und nennen auch Ross und Reiter – die Allianz zum Beispiel, die Journalisten, Wikipedia-Aktivisten und Google geschmiedet haben, oder Ebay-Gründer Pierre Omidyar, der an der Wiege des International Fact-Checking Network am Poynter-Institut in den USA stand, gegründet 2015 als Mutterschiff der Krieger für das Richtige und Gute. Ich deute dort auch den herausgehobenen Platz an, den die Wissenschaft im Wahrheitsregime der Gegenwart einnimmt und der sie zu einer lukrativen Investition macht für alle, die Entscheidungen legitimieren müssen.

In der *Propaganda-Matrix* zitiere ich dafür Christian Kreiß, VWL-Professor in Aalen, der in seinem Buch *Gekaufte Wissenschaft* zeigt, welche Ausmaße der Fetisch Drittmittel inzwischen angenommen hat, und dabei sehr konkret wird. Hier ein Lehrstuhl, den Facebook bezahlt und genau weiß, wer dafür geeignet ist. Dort gleich ein ganzer Campus von der Dieter Schwarz Stiftung, hinter der Kaufland und Lidl stecken und die Nummer vier in der Liste der reichsten Deutschen, 25 Milliarden Euro schwer. Im Herbst 2022 gibt es hierzu neue Zahlen. Die Geldgeber verkünden stolz, dass sie der TU München in den letzten vier Jahren 41 Professuren geschenkt haben, 32 davon angesiedelt beim neuen TU-Ableger in Heilbronn, wo die Firma einst gegründet wurde. 41 Professoren: Das sind viermal so viele wie an meinem Institut, das im deutschen Sprachraum das größte für die Kommunikationswissenschaft ist. Die Schwarz-Leute wildern zumindest teilweise in unserem Feld. Auf ihrer Webseite wirbt die Stiftung mit Begriffen wie Computation, Information, Technology. Kurz: künstliche Intelligenz.

Ich erinnere mich noch an die Debatten, als die Liaison mit der TU ruchbar wurde. Muss ein Schwarz-Professor eigentlich den Sponsor fragen, bevor er etwas veröffentlicht?

In seinem Buch bringt Christian Kreiß den Mechanismus auf den Punkt, der Spender wie Facebook oder

Schwarz antreibt. Die Wissenschaft ist heute das, was bis vor gar nicht so langer Zeit Tradition und Religion waren. Die letzte Gemeinsamkeit, auf die sich eine zerfaserte, zerstrittene, auseinanderbrechende Gesellschaft einigen kann. Kreiß: »Viele Gesetze, Regelungen oder Richtlinien brauchen heute zwingend eine Begründung durch die Wissenschaft.«

Das Problem liegt auf der Hand: DIE Wissenschaft gibt es nicht, auch wenn sich 2017 und 2018 Zehntausende in vielen Städten des globalen Westens dazu verführen ließen, genau dafür zu marschieren. Im Weißen Haus saß jemand, der nicht einfach schlucken wollte, dass CO_2-Ausstoß und Erderwärmung zusammenhängen und der Mensch folglich in der Lage wäre, das Klima seinen Wünschen anzupassen.

Wissenschaftliche Wahrheit ist der aktuelle Stand des Irrtums: Über diesen Satz habe ich Himmelfahrt 2022 Heike Egner kennengelernt, eine Geografin, die von 2010 bis 2018 Professorin in Klagenfurt war, dann von einem Tag auf den anderen entlassen wurde und seitdem die Strukturen untersucht, die das möglich gemacht haben. Ihre Ergebnisse werden in diesem Buch noch eine Rolle spielen.

An jenem Feiertag waren wir in Norditalien, beim traditionellen Symposium des Wissenschaftsvereins Kärnten, Treffpunkt für Politiker und Unternehmer aus diesem schönen Teil Österreichs und alle, die sich sonst einen vierstelligen Teilnehmerbeitrag leisten können und wollen. Für das Geld gibt es neben einem tollen Ambiente mit Essen und Wein vom Feinsten ein paar akademische Vorträge. Heike Egner hatte mich dazu auserkoren, den Störenfried zu spielen. »Die Zukunft des Journalismus« stand im Programm. Untertitel: »Warum wir eine Medienrevolution brauchen«.

Ich habe schnell gemerkt: Hier braucht niemand eine solche Revolution. Hier will niemand hören, dass es nie zu einer »Pandemie« gekommen wäre, wenn die Redaktionen ihren Job gemacht und auch die Forscher interviewt hätten, die der Regierungslinie widersprachen. Wolfgang Wodarg, Sucharit Bhakdi, Stefan Homburg. Spätestens als der Name Daniele Ganser fiel, war ich für mein Publikum gestorben.

Heike Egner hat ihren Satz von der Wissenschaft als Unternehmen, das Irrtümer produziert und deshalb Zweifel und Vielfalt braucht, bei den Theorien und Methoden genauso wie bei den Menschen, sie hat diese Selbstverständlichkeit in die Diskussion geworfen, als die Atmosphäre längst eisig war, obwohl die Sonne schien und das Thermometer über 30 Grad zeigte. Eine Kollegin etwa, Professorin für Soziologie immerhin, wollte nicht stehen lassen, dass in jedem ›Fakt‹ ein Mensch steckt und damit ein Interesse. Wenn das stimmt, Herr Meyen, dann können wir uns die ganze Wissenschaft gleich sparen. Relativismus. Populismus. Postfaktisches Denken. Alternative Fakten. Donald Trump. Wo kommen wir da hin? Woran sollen wir denn dann noch glauben, woran uns festhalten in diesen stürmischen Zeiten?

Ich löse das gleich auf, will aber vorher schnell sagen, warum sich dieses Kapitel auch dann lohnt, wenn Sie meine Antworten von 2021 kennen. Damals habe ich mich auf die Wissenschaftssoziologie beschränkt und auf das, was ich von Pierre Bourdieu und bei den Studien über meine eigene Disziplin gelernt habe.

In Kurzform: Die Wissenschaft, die sich nur für die Wahrheit interessiert und für sonst nichts, ist eine Schimäre. Die Idee, dass wir es hier mit Menschen zu tun haben, die »uneigennützig« und womöglich sogar »unentgeltlich« für das Wohl aller arbeiten: Das ist die illusio des akademischen Feldes – ein Glaube an Sinn, Regeln und Wert des Spiels Wissenschaft, der jedem Einzelnen hilft, wieder und wieder ins Labor oder an den Schreibtisch zu gehen, dabei denjenigen zu huldigen, die erfolgreicher sind als man selbst, und Attacken von außen entrüstet zurückzuweisen, obwohl er wissen müsste, dass die Kritiker nicht immer falsch liegen. Das wissenschaftliche Feld, habe ich seinerzeit geschrieben, ist gekapert von den Imperativen der Wirtschaft (Geld!), der Politik (Macht!) und der Medien (Aufmerksamkeit!) und außerdem ein Ort, an dem sich Menschen begegnen. Woran in diesem Feld gearbeitet wird, hängt folglich auch und nicht zuletzt von Beziehungen ab und vor allem davon, was am Machtpol gerade goutiert wird.

Der Machtpol selbst blieb genauso im Dunkeln wie die drei Hebel, um die sich die Kapitel 4 bis 6 drehen werden. Wenn Bourdieu von Macht sprach, von herrschenden Forschern und sogar von Monopolen, dann hatte er stets eine mehr oder weniger autonome Wissenschaft im Blick, die von außen kaum zu manipulieren ist. Sein Machtpol bestand aus den Wissenschaftlern und den Disziplinen, die das meiste wissenschaftliche Kapital hatten – die größte Anerkennung bei den Kollegen, die zwar immer auch Konkurrenten sind, aber zugleich die einzige Instanz, die über die Qualität einer Studie entscheiden kann und darf. Vielleicht war das so, in Frankreich und im letzten Drittel des 20. Jahrhunderts. Vielleicht hat Bourdieu es auch nur so wahrgenommen oder so wahrnehmen wollen. Mir hat dieser Blick geholfen. Ich konnte so zum Beispiel erklären, warum Medienforscher Theorien und Methoden aus der Psychologie importieren und auf den Stempel »evidenzbasiert« scharf sind. Reputationstransfer. Wenn die Naturwissenschaften den Takt vorgeben und sogar die Schwarz-Stiftung in Heilbronn einstimmt, dann fallen alle unten durch, die Einzelfälle analysieren und dafür keinen Computer brauchen. Wer sich dagegen an die Psychologie hängt, eine der Leitdisziplinen der Gegenwart, schwimmt oben mit.

Inzwischen habe ich Sheldon Wolin studiert, eine Art schlechtes Gewissen der USA, und bei ihm eine Sprache gefunden, die es erlaubt, den Begriff Machtpol sehr viel größer zu denken, dabei den Strukturen der Gegenwart auf die Spur zu kommen und auch den Platz von Wissenschaft und Universitäten genauer zu bestimmen. Noch einmal anders formuliert: Wer verstehen möchte, warum sich Facebook oder die Besitzer von Lidl und Kaufland Professoren kaufen, muss in das Herz einer Gesellschaftsform blicken, die Sheldon Wolin »umgekehrter Totalitarismus« getauft hat.

Dieses Label muss man erst einmal sacken lassen. Faschismus, Stalinismus, WIR. Wolin sagt: Lasst euch nicht von dem Demokratie-Gerede einlullen. Schaut doch einfach hin, wenn ihr wissen wollt, wer wirklich regiert. Dann seht ihr, dass der Staat die Konzerne geheiratet hat und dass beide alle anderen Formen der Macht adoptieren und alimentieren. Kirchen, Wissenschaft, Technik, Kultur. Hier, beim Staat, Militär und Gewaltmonopol, und dort, bei den Konzernen, das Geld, das heute auch die Autorität und die Ressourcen nutzt, die sich aus Wahlen, politischer Rhetorik und Steuern speisen. Eine »Supermacht« im wahrsten Sinn des Wortes, die anders als Hitlerdeutschland oder die frühe Sowjetunion kein Charisma braucht und die Massen weder mobilisieren muss noch in irgendwelche Lager stecken. Deshalb »umgekehrter Totalitarismus«. Für die Kontrolle, sagt Sheldon Wolin, genüge es, »ein kollektives Gefühl der Abhängigkeit zu schaffen«, für einen »Gleichklang« der Leitmedien zu sorgen und dabei das zu nutzen, was inzwischen an Methoden der »Einschüchterung und Massenmanipulation« verfügbar ist. Und, sicher nicht unwichtig, da hinter »abstrakten totalisierenden Mächten« ja immer Menschen stehen: An den Schaltstellen beobachtet dieser Politikwissenschaftler »Machthaber und Bürger, die sich der tieferen Auswirkungen ihrs Tuns oder Unterlassens oftmals gar nicht bewusst zu sein scheinen«.

Umgekehrter Totalitarismus: Das ist »kollektive Angst« plus »individuelle Ohnmacht«. Der Arbeitsplatz, die Altersvorsorge, Gesundheitskosten. Neuerdings die Heizung, der Stromverbrauch und vielleicht ein neuer Lastenausgleich. Dazu das Tempo im Job, der Stress im

Alltag, die ständigen Aufreger um irgendwelche Politikskandale. Ergebnis: eine »Gesellschaft, die es gewohnt ist, neue Gewohnheiten gegen alte auszutauschen, sich an rasante Veränderungen, Unsicherheiten und soziale Verwerfungen anzupassen und ihr Schicksal von entfernten Mächten bestimmen zu lassen, auf die man keinen Einfluss hat«. Terror und Klima, Überwachung und Killerviren, Naturkatastrophen, Finanzakrobatik und »Invasionen durch illegale Einwanderer« kommen da nur noch on top. Manipulation durch »Manager der Angst«: »Die implizite Botschaft ist, dass der Bürger nichts tun kann, außer den Anweisungen der ›Behörden‹ Folge zu leisten.«

Sheldon Wolin hat all das in den Nullerjahren geschrieben – in dem langen Winter, der 9/11 folgte, in den Jahren der (spärlich) verschleierten Diktatur des zweiten Bush, als die Regierung und mit ihr die wichtigsten Nachrichtenkanäle schamlos Fake News verbreiteten, um den *War on Terror* zu befeuern und schließlich in den Irak einmarschieren zu können. Dieser Krieg ist für Wolin der letzte Schritt auf dem Weg in den »umgekehrten Totalitarismus« und zugleich Beweis für die Unterwerfung der Universitäten. Am Anfang dieser wissenschaftlichen Tragödie stehen bei ihm McCarthy, natürlich, und: Vietnam. Erst, bei der Jagd nach Kommunisten, »Loyalitätseide«, eine »umfassende Säuberungsaktion« und die Rekrutierung von »Intellektuellen und Akademikern als Agenten der Regierung«. Und wenig später die Erkenntnis, dass auch die Studenten ein Problem sein könnten – zumindest dann, wenn sie den Campus besetzen und von dort aus auf die Straßen ziehen. Sheldon Wolin vergleicht die 1960er, als die akademischen Einrichtungen »notorische Zentren der Opposition« waren und Politiker und Publizisten »ernsthaft« eine »Befriedung« forderten, mit der »loyalen Intelligenzija« in den Leitmedien und der »Selbstberuhigungs-Anstalt« Universität, die die Irak-Invasion 2003 möglich machten. Wie das »ganz ohne Bücherverbrennungen« funktioniert hat und ohne »Einsteins, die in die Emigration getrieben wurden«? Wie es gelungen ist, Wissenschaftler und Intellektuelle »nahtlos in das System« zu integrieren und Widerworte zu verhindern, ohne Kritiker »schikanieren« oder »diskreditieren« zu müssen? Die Antwort von Sheldon Wolin: durch »eine Kombination aus staatlichen Aufträgen, Unternehmens- und Stiftungsgeldern, gemeinsamen Projekten von Universitäts- und Unternehmensforschern sowie wohlhabenden Einzelspendern«.

Als Zeitzeuge werde ich in den Kapiteln 4 bis 6 berichten, wie das an den deutschen Universitäten abgelaufen ist, will aber vorher wenigstens darauf hinweisen, dass sich durch die Brille von Sheldon Wolin viele Rätsel der jüngsten Vergangenheit in Luft auflösen. Warum hat ›die Wirtschaft‹ nicht protestiert, als Regierungen überall auf der Welt einen Lockdown angeordnet haben? Warum lassen sich Digitalkonzerne dafür einspannen, alles aus der Öffentlichkeit zu verbannen, was diesen Regierungen gefährlich werden könnte? Warum verzichten Unternehmen freiwillig auf Umsatz und Gewinn und werben mit Testimonials oder Slogans, die ein Teil der Kundschaft so stark ablehnt, dass er dankend verzichtet? Solche Fragen stellen sich nur, wenn man ›den Staat‹ und ›die Wirtschaft‹ voneinander trennt und womöglich sogar als Gegenspieler denkt. Jenseits von Kleinstbetrieben und Mittelstand schielt der Manager von heute eher auf Subventionskassen, Konjunkturpakete und Gesetzgebungsverfahren als auf die Geldbeutel der Menschen da draußen. Käufer sind wankelmütig und viel weniger verlässlich als der Koalitionspartner Staat, der in Deutschland so fest in der Hand von fünf Parteien ist, dass auch ein Regierungswechsel keine Einbußen befürchten lässt.

Ich komme gleich wieder zurück zur Wissenschaft und vor allem endlich zum Wahrheitsregime des frühen 21. Jahrhunderts, will aber vorher noch Ernst Wolff und Carsten Germis zitieren, um die Diagnose von Sheldon Wolin nach Deutschland zu holen und in das Hier und Jetzt. Wolff, Jahrgang 1950, einst Drehbuchautor und inzwischen einer der populärsten Kritiker etwa des Weltwirtschaftsforums, spricht von einem »digital-finanziellen Komplex«, wenn er nach den Machtverhältnissen gefragt wird, und nennt BlackRock und Vanguard, zwei Vermögensverwalter, die nicht nur Hauptaktionäre von Apple, Alphabet oder Microsoft sind, sondern mit ihrem langen Arm auch in die Rüstungsindustrie oder in die Politik reichen. Davos ist bei Wolff einer der Orte, an dem die Fäden zusammenlaufen. Carsten Germis, über 20 Jahre in der Wirtschaftsredaktion der *Frankfurter Allgemeinen Zeitung*, führt das auf die »erfolgreiche Integration konkurrierender Netzwerke« zurück und spricht von einem »historischen Kompromiss«, der es ermöglicht habe, dass der »vormundschaftlich-planende Staat« den Markt »als Ordnungsinstrument« ersetzt. Bei Germis am Verhandlungstisch: »Tech-Milliardäre, Finanzoligarchie, Politik und linksökologische Lobbygruppen, die seit den 1970er Jahren in allen westlichen Ländern die kulturelle Hegemonie errungen haben«. In dieser Lesart übernehmen die einen die Macht im Staat und lassen den anderen dafür ihre Monopole, solange sie sich nicht querstellen, wenn es um die Verkündung dessen geht, was als gut und richtig erkannt worden ist.

Das führt direkt zum Thema dieses Kapitels.

Die Wahrheit. In der Erkenntnistheorie ist das zunächst ganz einfach. Wahr ist eine Aussage dann, wenn sie mit der Wirklichkeit übereinstimmt – mit »Phänomenen«, die, in der Formulierung von Peter Berger und Thomas Luckmann, den Vätern des Sozialkonstruktivismus, »ungeachtet unseres Wollens da sind«. Das Haus da drüben, die Straße, die Passanten, die Zeitung, das Wetter. Alles »Phänomene«, über die ich eine Aussage machen kann. Das Problem beginnt mit der Prüfung und wird nicht kleiner, wenn sich zwei Aussagen widersprechen. Ist es heute heiß oder nur warm? Und was ist mit der CO_2-Geschichte? Harte Wissenschaft, unterschrieben von 97 Prozent aller, die das professionell untersuchen, oder ein »Märchen«, wie Bernd Fleischmann sagt, ein promovierter Physiker, den ich für *Apolut* interviewen durfte? Es gibt keine Aussage ohne uns, ohne einen Menschen. Es gibt auch keine ›Fakten‹ ohne einen Menschen. Die Sprache hat das nicht vergessen. Im Wort ›factum‹ stecken ›machen‹, ›tun‹ und ›handeln‹. Lateinisch: facere. Manufaktur. Handarbeit.

Auch eine Zahl ist eine Zahl und nicht die Wirklichkeit. Das weiß jeder, der selbst Daten erhoben hat. Was immer wir messen, wird hergestellt im Austausch mit anderen. Menschen legen fest, dass sie Schritte zählen, um ihre Existenz zu legitimieren (zehntausend am Tag!), und nicht Seufzer, die ja auch etwas über das Wohlbefinden sagen. Menschen legen fest, nach welchem Virus sie suchen und was passieren muss, damit sie ›Gefunden!‹ rufen dürfen. Hinter jeder Zahl steht ein Interesse, und sei es nur das eines Herstellers, der seine Geräte loswerden will.

Daraus folgt immer: Es hätte auch anders sein können. Das klingt banal, ist es aber ganz offenkundig nicht. Sonst hätten wir ab März 2020 nicht beobachten können, wie Zahlen alles umbauen, was wir vorher kannten. Wir haben gelernt: Zahlen und ›Fakten‹ sind nicht die Wirklichkeit. Sie erzeugen sie erst. In Kapitel sechs werde ich Steffen Mau zitieren, einen Soziologen, der an der Humboldt-Universität in Berlin lehrt und sich unter anderem damit beschäftigt hat, was Rankings wie das aus Shanghai mit dem Zustand der deutschen Universitäten zu tun haben. Nur so viel vorab: So ein Ranking ist wie eine Prophezeiung, die sich selbst erfüllt, wenn es denn zur Richtschnur des Handelns wird, dort immer weiter nach oben zu klettern. Dann nämlich fangen Universitätsleitungen und ihre Mäzene aus Politik und Wirtschaft an, genau das zu liefern, was die Kriterien vorgeblich nur erfassen sollten.

Eine Aussage, die mit der Wirklichkeit übereinstimmt: Hannah Arendt hat daraus eine schöne Definition gemacht. Wahrheit ist bei ihr »das, was der Mensch nicht ändern kann«. Belgien zum Beispiel, sagt Arendt, ist eben 1914 nicht in Deutschland eingefallen. Man muss diese Analogie zweimal lesen. Wahrheit ist das, was der Mensch nicht ändern kann. Es genügt, sich dafür die eigene Familie vorzustellen und all die Geschichten, die dort kursieren. Hannah Arendt preist die »Hartnäckigkeit von Tatsachen« und weiß doch, wie schwierig das alles ist. »Wer es unternimmt zu sagen, was ist« (ein Slogan, den man nicht übersehen kann, wenn man das *Spiegel*-Hochhaus in Hamburg betritt), der muss »eine Geschichte« erzählen und »die Fakten« mit Bedeutung aufladen und mit Sinn. »Tatsachenwahrheiten« werden dabei schnell »in eine Meinung verwandelt« oder gefälscht. Hannah Arendt: »Was hier auf dem Spiele steht, ist die faktische Wirklichkeit selbst, und dies ist in der Tat ein politisches Problem allerersten Ordnung«. Weiter im Text: »Meinungsfreiheit ist eine Farce, wenn die Information über die Tatsachen nicht garantiert ist«.

Die ›Fakten‹, um die es in der Klima-Debatte geht oder bei Corona, sind von Menschen gemacht. Manche tragen einen weißen Kittel, manche einen Schlips. Das macht sie nicht automatisch besser. Hannah Arendt wusste, warum es so leicht ist, »Fakten« und »Ereignisse« zu manipulieren oder aus der Welt verschwinden zu lassen (selbst »Tatbestände, die allgemein bekannt sind«) und durch ein Image zu ersetzen, das besser in die herrschende Ideologie passt und zu den Interessen der Mächtigen: »Fakten besitzen keinerlei zwingende Evidenz für den menschlichen Verstand, sie sind zumeist noch nicht einmal einleuchtend«. Oder an anderer Stelle: »Alles, was sich im Bereich menschlicher Angelegenheiten abspielt – jedes Ereignis, jedes Geschehnis, jedes Faktum – könnte auch anders sein, und dieser Kontingenz sind keine Grenzen gesetzt«. Die Familie, Sie wissen schon. »Mit der Vernunft« komme die »Täuschung« folglich »nie in Konflikt, weil die Dinge ja tatsächlich so sein könnten, wie der Lügner behauptet«.

So viel Unsicherheit können wir offenbar nicht ertragen. Jede Gesellschaft, sagt Michel Foucault, hat und braucht ein »Wahrheitsregime« – Techniken, von denen wir annehmen dürfen, dass sie Wahrheit produzieren, Menschen, die befugt sind, diese Wahrheiten dann zu verkünden, und Mittel, um Abweichler zu sanktionieren. In meinen Vorlesungen blende ich an dieser Stelle das Cover von *Tyll* ein, einem Roman von Daniel Kehlmann, in dem es gleich zu Beginn um die Inquisition geht und den Umgang mit einem Zweifler, der Fragen hatte, weil seine Augen etwas anderes sahen als das, was die Interpreten der Heiligen Schrift sonntags in der Kirche behaupteten. Dieser Zweifler ist der Eulenspiegel-Vater, und sein Ende steht am Anfang der Geschichte des berühmten Sohnes.

Es ist viel geschrieben worden über die Analogien von Kirche und Journalismus, auch von mir. Die *Tagesschau* als Ritual, das das Glockenläuten ersetzt, das Signal, das für unsere Vorfahren den Tag strukturiert hat. Die Sprecher, das Studio, die immergleichen Geschichten mit dem immergleichen Personal, das Erlösung verheißt in einer chaotischen Welt voller Sünde. Die Versuche der Amtskirche, in das Programm zu kommen, als man merkte, dass das Fernsehen übermächtig ist. *Das Wort zum Sonntag*, Sitze in den Rundfunkräten, Investitionen in die Journalistenausbildung. In Deutschland steht die katholische Kirche an der Wiege meiner Universitätsdisziplin. Wenn die Leute sonntags nicht mehr zur Kanzel strömen, dann muss ich sie dort abholen, wo sie stattdessen sitzen, und künftige Redakteure formen, wenn sie noch formbar sind.

In der guten, alten Zeit, bis zum Jugoslawien-Krieg und vielleicht sogar bis 9/11, hatte der Journalismus der Leitmedien alles, was ein Wahrheitsregime braucht. An erster Stelle ist dabei eine Berufsideologie zu nennen, die die unvermeidbaren Auswahlentscheidungen legitimiert. Objektivität, Neutralität, Unabhängigkeit: Ich habe das lange mit dem Kommerz begründet. Wer schon im Zeitungskopf Partei ergreift, verliert von vornherein einen Teil des Publikums und damit Anzeigen, Abonnenten, Einnahmen. Also behauptet man eine Art Quadratur des Kreises. Heute sehe ich, dass sich so auch alles verschleiern lässt, was von außen an die Redaktionen herangetragen wird. Was die *Tagesschau* meldet, so wird uns suggeriert, hat nichts mit Interessen zu tun. Die Macher können sich dabei sogar auf die Wissenschaft berufen, auf die Nachrichtenwerttheorie zum Beispiel, die in ihrer einfachsten Spielart sagt, dass jedes Ereignis Eigenschaften hat, von denen uns manche stärker fesseln und andere schwächer. Die Welt der *Tagesschau* wird so jeder Kritik entzogen. Die Redakteure haben nur das vollzogen, was jeder von uns an ihrer Stelle ganz genauso gemacht hätte.

Das Internet hat diese Illusion zerstört und den Leitmedien auch ihr wichtigstes Sanktionsmittel genommen – den Entzug von Aufmerksamkeit. Nicht sofort natürlich. Noch nicht in den 1990ern, als man ein Modem brauchte und trotzdem nur wenig gefunden hat. »2001 habe ich das Internet entdeckt, die Foren vor allem«, hat mir Paul Schreyer in einem biografischen Interview gesagt, veröffentlicht im Buch *Wir sind die anderen*. Schreyer, Jahrgang 1977, ist Autodidakt und hat damals als Werbegrafiker gearbeitet. »Ich habe an ganz vielen Debatten teilgenommen. Ich war begeistert, wie sich die Leute da ausgetauscht haben. Das hat mich sehr geprägt. Ich habe gesehen, wie man davon profitieren kann. Deshalb war ich sehr sensibel, als die großen Medien vor einigen Jahren angefangen haben, die Leserforen abzuschalten.«

Dazu gleich mehr. Ich zitiere Paul Schreyer hier, weil sein Erlebnisbericht zeigt, wie mit den Wolkenkratzern in New York auch das alte Wahrheitsregime zusammengebrochen ist. Der junge Schreyer entdeckt auf *Telepolis* die Artikelserie *The World Trade Centre Conspiracy* von Mathias Bröckers. »Das hat mich aus den Socken gehauen. Ich dachte: Das kann ja wohl nicht wahr sein. Warum höre ich das sonst nirgendwo? Ich habe damals entdeckt, wie das Internet funktioniert. Man kann Links setzen, mit Belegen. Man kann prüfen, was dort steht. Zu den Quellen gehen. Das hat mich fasziniert. Das Prinzip, Informationen in dieser Breite für jeden zugänglich und überprüfbar zu machen.«

Paul Schreyer dürfte seinerzeit die Ausnahme von der Regel gewesen sein. Die Gegenöffentlichkeit war klein, und die Leitmedien glaubten es sich sogar leisten zu können, einen Kritiker wie Andreas von Bülow einzuladen, Minister unter Helmut Schmidt, im Bundestag in die Kontrolle der Geheimdienste eingebunden und 2003 mit dem Buch *Die CIA und der 11. September* auf dem Markt. Legendär ist ein Auftritt bei Sandra Maischberger am 9. September 2003. Die »Grenzen waren von Anfang an sehr klar gezogen«, sagte mir Marcus Klöckner, Journalist und Bestsellerautor, im Oktober 2020 in Kaiserslautern, wo ich ihn für das Buch *Das Elend der Medien* interviewt habe. Andreas von Bülow mit seinen Thesen im *Ersten*. Bei Klöckner hörte sich das an, als wäre es erst gestern passiert. »Maischberger hat ihm tatsächlich vorgeworfen, dass er in seinem Buch ganz viele Quellen aus dem Internet zitiert. Alle, die einigermaßen Verstand haben, konnten schon damals darüber nur lachen. Die Abneigung der ›Etablierten‹ gegenüber den ›Außenseitern‹ war immer da. Am Ende wird aus vielen kleinen Entscheidungen eine Grenze, die nur schwer zu überwinden ist.«

Was wird aus einer ›Wahrheit‹, wenn eine andere Version der Wirklichkeit nur einen Klick entfernt und mindestens genauso plausibel ist, durch die Links und Belege, die Paul Schreyer erwähnt, oder durch Persönlichkeiten wie Andreas von Bülow, die hier auch ganz im Wortsinn eine Statur mitbringen, die zumindest das Zuhören garantiert?

Ich will Sie nicht mit einer Antwort langweilen, die Sie längst kennen. Cancel Culture und Netzkontrolle. Totschweigen und Diffamieren. Löschen, sperren, verbannen. Algorithmisch kuratierte Medienumgebungen, sagen meine Kollegen, wenn sie über das sprechen, was Hannes Hofbauer, ein Historiker und Verleger aus Wien, in seinem Buch *Zensur* nennt. Die Leitmedien haben eine Wagenburg um ihre ›Wahrheiten‹ gebaut und jede Menge Schützenhilfe. Gesetzgeber, Behörden und Geheimdienste sowie Google und Wikipedia, die de facto ein Monopol haben, wenn es um die gerade gültige Sicht der Dinge geht. Hier wäscht buchstäblich eine Hand die andere. Journalisten sind für Wikipedia eine glaubwürdige Quelle, die dann wiederum von anderen Redaktionen zitiert werden kann. Und die Suchmaschine sorgt dafür, dass alle genau das dann auch finden, wenn sie sich zum Beispiel für Andreas von Bülow interessieren oder für 9/11. Verschwörungstheorien, Punkt.

Die Zweifel bleiben. 38 Prozent der Schweizer, sagt eine Umfrage aus dem Herbst 2022, verweigern sich inzwischen den Nachrichtenmedien. 38 Prozent. Das dürfte in Deutschland und Österreich nicht viel anders sein. Alarm, rufen die Forscher. Die Demokratie und überhaupt. Die »Unterversorgung mit News« sei ein »gesamtgesellschaftliches Problem«. Warum? Weil Zeitungsleser, Radiohörer und TV-Zuschauer eher wählen gehen. Weil diese Leute der Regierung stärker vertrauen. Weil man sich auch sonst auf sie verlassen kann.

Diese Studie macht greifbar, was hinter dem Begriff Wahrheitsregime steckt, und setzt zugleich einen Link zu dem Herrschaftssystem, das Sheldon Wolin »umgekehrter Totalitarismus« genannt hat. Die große Koalition aus Konzernen, Staat, Parteien hat spätestens in den 1990ern die Herausforderungen gesehen, die mit dem Siegeszug des Internet verbunden sein würden.

Lösung Nummer eins: ein Netz bauen, das uns Bequemlichkeit verspricht, ein effektives Leben und vielleicht sogar den Zugang zum Weltwissen, zugleich aber erlaubt, die Bevölkerung zu steuern und zu kontrollieren. Ich empfehle das Buch *Das Zeitalter des Überwachungskapitalismus* von Shoshana Zuboff, auch wenn dort ausgeblendet bleibt, dass die Geheimdienste im Silicon Valley schon die Wiegen geschaukelt haben.

So oder so: Doppelt hält besser. Lösung Nummer zwei deshalb: Unterwerfung der Universitäten. Man kann zwar von der Regierungsbank gegen Fake News, Hate Speech oder Populismus wettern, Kontrolleure oder Faktenchecker installieren, die etwas versprechen, was es überhaupt nicht geben kann (DIE Wahrheit! Geprüft!), und überall Rechtsextreme, Volksverhetzer und Querfront-Anhänger ausmachen, Legitimation aber bekommt das auch in Gesetzesform heute erst, wenn Professorentitel dahinterstehen, Forschungsinstitute, Hochschulen.

Eigentlich geht das nicht. Eigentlich lässt sich die Wissenschaft nicht einfach für irgendetwas in Dienst nehmen. Wissenschaft, sagen etwa Christoph Lütge und Michael Esfeld, Lehrstuhlinhaber in München und Lausanne, beide Mitte 50, Wissenschaft braucht Zeit (»Hypothesen müssen sich bewähren, und es muss klar sein, wann sie als gescheitert gelten«), »so viele Stimmen wie möglich« und vor allem Freiheit »von politischem Einfluss«. Dann (und nur dann) kann sie das »sich selbst korrigierende Unternehmen« sein, das ihren Wert für alle anderen ausmacht. Lütge und Esfeld: »Wissenschaft ist immer eine Debatte, in der es verschiedene Positionen gibt.« Und: Wissenschaft überfordert sich selbst, wenn sie glaubt, Politik oder Gesellschaft beraten zu können. »Wissenschaft arbeitet nämlich immer so, dass aufgrund der Faktenlage verschiedene Handlungsstrategien mit stichhaltigen Gründen diskutiert werden, weil keine bestimmte Handlungsstrategie aus den Fakten folgt«. Etwas einfacher: hier, in der Wissenschaft, die ›Wahrheit‹ (der aktuelle Stand des Irrtums), und dort, in der Politik, die Moral. Richtig und falsch versus gut und schlecht.

Ich zitiere die beiden Kollegen hier auch, weil sie auf den Punkt bringen, »welche Macht Wissenschaft haben kann«: Menschen sind »bereit, Dinge zu tun, die sie üblicherweise verweigern würden, wenn ihnen gesagt wird, dass die Wissenschaft es von ihnen verlangt.« Lütge und Esfeld sprechen zwar nicht vom alten und vom neuen Wahrheitsregime, meinen das aber, wenn sie eine »Weichenstellung« ausmachen und unsere Gegenwart mit 1918 (Räterepublik oder Demokratie) vergleichen, mit 1933 (Demokraten oder Nationalsozialisten) und mit den ersten Jahren nach dem Zweiten Weltkrieg (neutraler Staat oder Westbindung). Die Frage heute: »offene Gesellschaft« oder eine »Herrschaft, in der die Politiker bestimmte Experten beauftragen, Entscheidungen vorzugeben, die dann umgesetzt werden – weil die Wissenschaft, deren Sprachrohr die Experten sind, sagt, das sei der einzig richtige Weg«. Gesundheit, Klima, whatever. Wir wissen inzwischen, was alles möglich ist, und dank Corona vor allem, wie das funktioniert. Schritt eins: Die Politik sucht gezielt nach Wissenschaftlern, die bereit sind, ihre Entscheidungen mitzutragen. Schritt zwei: Diese Gruppe wird »so in der Öffentlichkeit präsentiert«, dass sie »für die Wissenschaft als Ganzes spricht«. Das funktioniert nur mit Schritt drei: Verleumdung und Diffamierung von allen, die das anders sehen.

Schuldig bin ich noch ein Wort zur Macht, die bei diesem Kapitel in der Überschrift steht. Roland Rottenfußer, Freigeist und Chefredakteur des Onlineportals *Manova*, als ich diese Zeilen schreibe, hat Macht als die »Möglichkeit« definiert, »einen anderen Menschen dazu zu bringen, etwas zu tun, was er ursprünglich nicht tun wollte, oder etwas zu unterlassen, was er eigentlich ausführen wollte«.

In der alten Bundesrepublik, in der der »umgekehrte Totalitarismus« schon wegen der Systemkonkurrenz allenfalls als Gespenst am Horizont herumspukte, war das leicht greifbar, nach dem Radikalenerlass von 1972 zum Beispiel, der alle aus den Universitäten vertrieb, die in der DKP waren oder sonst verdächtigt wurden, kommunistisches Gedankengut zu hegen. Was die Berufungskommissionen sagten, war da ganz egal. Horst Holzer, Jahrgang 1935, ein Mediensoziologe, der auch mehr als zwanzig Jahre nach seinem Tod noch zitiert wird, stand in den 1970ern dreimal auf einem ersten Listenplatz. Professor ist er trotzdem nicht geworden, auch in den 1990ern nicht, obwohl es da an meiner Universität in München gar nicht mehr um eine Stelle mit Gehalt ging, sondern nur noch um den Titel. Mit Leuten wie Holzer sind bestimmte Formen der Medienkritik verschwunden.

Eine Theorie überlebt nur dann, wenn man Menschen bezahlt, die sie vertreten. In der akademischen Welt hinterlassen Berufsverbote Denkwüsten. Dafür wurden mit Steuergeldern Schulen gepäppelt, die den Status quo bis zum Sankt-Nimmerleins-Tag fortschreiben.

Diese Macht war greifbar. Man konnte sie beschreiben, analysieren, attackieren, entblößen. Der Minister beruft diese Person und jene nicht. Darüber haben damals sogar die Zeitungen geschrieben. Heute sind wir weiter. Heute kommen Menschen auf die Lehrstühle, die genau das tun wollen, was sie tun sollen, und deshalb Topmanagern, Behördenchefs und Spitzenpolitikern genauso gefallen wie ein teurer Wein. Wir leisten uns das und fühlen uns gut dabei. Der »umgekehrte Totalitarismus« hat für diese Metamorphose ein Vierteljahrhundert gebraucht und jede Menge Hebel. Und ich brauche noch eine Station, um dort hinzukommen. Ich muss noch meine eigene Geschichte erzählen.

3. Höhepunkt und Fall

Von der »Speerspitze der Forschung« zu »Prof. Dr. Kokolores«

Heute bin ich angekommen. Ganz oben. Es ist ein kleiner Gipfel, okay, aber viel höher geht es für einen Professor wie mich eigentlich nicht. Wir schreiben den 11. Dezember 2019. Ich sitze auf einer Bühne in Leipzig und werde von einer Moderatorin interviewt, die jeder kennt, der einen Fernseher hat. Sie stellt mich vor als »Speerspitze der Forschung«. Eine Kollegin wird mir ein paar Wochen später ein T-Shirt zum Geburtstag schenken, auf dem dieses Wort steht. Speerspitze. Das ist nicht mehr zu toppen.

Ich muss vielleicht ein paar Worte zum Anlass sagen. Die Bühne steht im Zeitgeschichtlichen Forum. Ein Museum im Zentrum von Leipzig – da, wo das seinen Lauf nahm, was in diesem Haus »friedliche Revolution« genannt wird. Ich war damals mittendrin und nicht nur dabei. Heute hat das Ministerium eingeladen. Der Staatssekretär ist da. Vor allem aber sind die Kollegen da, die das Rennen um den großen Forschungstopf zur DDR gewonnen haben. Wir müssen das Fass noch einmal aufmachen, hat die CDU in Sachsen gesagt, als die Konkurrenz von rechts immer stärker wurde und auf ihren Plakaten auch die Vergangenheit beschwor. Vollende die Wende. Wir sind das Volk. Der Geldregen aus Berlin soll helfen, die AfD fortzuspülen oder wenigstens nass zu machen.

Ich sehe das zwar, spiele aber mit. Was ich da gewonnen habe, ist in meinem Feld eine Art Goldstandard. Das Zauberwort heißt Verbundforschung. Ein Buch schreiben kann jeder und jemanden finden, der ein Projekt fördert, eigentlich auch. Im Budget einer Universität sind das Peanuts. 200.000 Euro, vielleicht 300.000. In meinem Topf sind knapp fünf Millionen. Das ist immer noch wenig im Vergleich zu dem, was die »richtigen« Wissenschaften reinholen. Medizin, Physik, Informatik, Molekularbiologie. Ein Medienforscher wie ich kickt in einer anderen Liga. Politik statt Industrie, wenn man so will. Oder Ideen statt Patente. Köpfe sind billiger als ein Labor und Drittmittel längst kein Privileg der Wirtschaft mehr. Die Formel heißt: Kauf dir einen Professor, wenn du etwas durchsetzen willst. Noch besser: Schreibe einen Haufen Geld aus, damit auch die anderen Professoren nach deiner Pfeife tanzen.

Wie viele von »uns« heute im Saal sind, weiß ich nicht. Der Bund fördert 14 Antragsteller, ausgewählt aus über 100 Bewerbungen. Jeder der 14 Sieger hat nur ein paar Plätze bekommen und Delegierte wählen müssen. Dass ich der Auserwählte unter den Auserwählten bin, zum Auftakt oben sitzen darf und gleich als »Speerspitze« geadelt werde, hat nur bedingt mit mir zu tun. Mein Verbund heißt *Das mediale Erbe der DDR* und ist mit gut einem Dutzend Teilprojekten einer der größten. Daran kommt das Ministerium schlecht vorbei. Außerdem verspricht der Titel einen Neustart. Erbe klingt besser als Diktatur, wenn man es mit der AfD aufnehmen will. Die Kollegen aus Potsdam und Berlin, mit denen ich mich für den Antrag verbündet habe, wussten das. Taktiker vor dem Herrn. Wer auf Mittel von außen angewiesen ist, kennt auch die Geografie der Förderung. Du musst unser Sprecher sein, haben sie zu mir gesagt. DDR-Forschung an der Universität München und nicht in Dresden, Rostock, Erfurt. Und dann noch jemand aus dem Osten. Damit schlagen wir alle aus dem Feld.

Ich kann Bühne. Je voller der Saal, desto besser. Der Abend fängt deshalb nach der Diskussion erst richtig an. Jeder will etwas von mir. Der Staatssekretär, die Sprecher und Manager der anderen Verbünde. Sogar die Fernsehfrau. Ich werde zu Vorträgen eingeladen und zu Buchkapiteln. Der Kollege, mit dem ich eben noch oben saß, möchte mich unbedingt als Berater und Moderator verpflichten. Er will Wissenschaft und Journalismus miteinander ins Gespräch bringen und ist sich sicher, dass nur ich ihm dabei helfen kann. Die Häppchen sehen großartig aus, aber ich kann sie nicht genießen. Keine Zeit zum Luftholen, Essen, Trinken. Es ist wie im Rausch oder wie ein Auftritt im falschen Film. Gestern bin ich aus Havanna zurückgekommen, wo ich mit einem Freund versucht habe, die kurdische Freiheitsbewegung mit der kubanischen Revolution zu verheiraten. Zehn sonnige Tage und viel Begeisterung für Abdullah Öcalan. Und heute Speerspitze der DDR-Forschung. Was soll mir da noch passieren können?

Der wissenschaftlichen Krönung folgt ein paar Wochen später die weltliche. Die Bühne steht diesmal im Maximilianeum, im Wohnzimmer des bayerischen Landtags sozusagen. 300 Menschen im Senatssaal. 290 Frauen und vielleicht zehn Männer. Frage des Abends: »Ist die Wissenschaft frauenfeindlich?« Gastgeber ist Wolfgang Heubisch, Abgeordneter auf FDP-Ticket, 2008 bis 2013 Wissenschaftsminister unter Horst Seehofer und jetzt Vizepräsident des Landtags. Das Thema liegt Heubisch am Herzen. Er hat 2015 geholfen, den Forschungsverbund *ForGenderCare* zu installieren. Solche Verbünde auf Länderebene leistet sich nur Bayern. Der Freistaat gibt vier Jahre Geld, um ein Gebiet zu puschen und um Leute zusammenzubringen, die das dann weitertreiben können, größer, mit noch mehr politischem Geld. Hier: Frauen, die für das Gender-Thema stehen.

Vielleicht gab es ihn einmal, den Akademiker, der hinausgeht in die Welt, dort Probleme entdeckt und anfängt, nach Lösungen zu suchen, immer in der Hoffnung, dass das auch andere interessieren könnte. Der Wissenschaftler von heute ist anders. Er muss nur Ausschreibungen lesen oder, noch besser, das Ohr von Politikern wie Wolfgang Heubisch finden und so für eine Ausschreibung sorgen, bei der er gute Chancen hat. Ich weiß, wovon ich rede. Ich habe das selbst so gemacht. Diese Geschichte wollte ich mir für später aufheben, wenn es um die Politisierung der Forschung geht und um die Anreizsysteme, die dafür sorgen, dass Professoren wie Eisenspäne auf den Magneten Drittmittel fliegen, um noch einmal Birk Meinhardt zu zitieren, aber sie passt schon hier ganz gut. Begonnen hat alles mit einem ganz normalen Antrag, mit einem kleinen Projekt. Ich hatte eine Idee, wollte dafür Geld und bekam es – im Forschungsverbund *ForChange*, in dem es um die Resilienz sozialer Systeme ging. Übersetzt: Wie bereiten wir uns auf Gefahren vor, die sich noch niemand vorstellen kann? Start war 2013, sieben Jahre vor Corona und neun vor einem Krieg, in dem es plötzlich auch wieder um Atomwaffen ging, aber das ist eine andere Geschichte. In dieser hier werde ich Verbundsprecher, lerne schnell, wie solche Verbünde entstehen und drehe den Spieß einfach um. Das Ministerium bekommt einen Text von mir zur »Zukunft der Demokratie«. Fünf Millionen. Unter dem geht so etwas kaum. Ich muss zwar auch selbst ein Projekt beantragen, aber das ist Formsache. Welcher Gutachter mag den Autor der Ausschreibung rauskegeln?

Nun also das Maximilianeum. Wolfgang Heubisch hat mich gebeten, den Abend zu moderieren. In München weiß man inzwischen, dass ich das kann. Der Freistaat bezahlt die Forschungsverbünde auch, um sich selbst feiern zu können. Wir müssen raus aus dem Elfenbeinturm und rein in die Stadt, mit Vorträgen und Podien, möglichst prominent besetzt, damit viele sehen, wie toll das alles ist. Neben mir sitzen heute vier Frauen. Eine Univizepräsidentin, eine Oberärztin am Herzzentrum, eine Unternehmerin, eine Doktorandin. Vorzeigefrauen. Ich sorge dafür, dass sie glänzen, und sie wissen das zu schätzen. Sie habe sich noch nie so wohl gefühlt bei so einer Veranstaltung, sagt mir die

Prominenteste der vier. Und Wolfgang Heubisch meint, dass ich etwas gut habe bei ihm und immer auf ihn zählen könne, ganz egal, um was es sich handelt.

Eigentlich sehe ich schon, was kommen wird. Auf dem Kalender steht der 5. März 2020. In München regnet es. Die Menschen, die zu uns in den Landtag wollen, müssen trotzdem lange draußen stehen. Das Pförtnerhäuschen ist so klein, dass nur ein paar Leute gleichzeitig den Zettel ausfüllen können, der sagt, dass sie gesund sind und niemanden anstecken werden. Fieberpistolen gibt es hier noch nicht. Ich habe das in Uganda am Flughafen erlebt, als die Zeitungen voll waren mit Ebola, und an den Grenzen in Mittelamerika, wo man angeblich nach Zika suchte, aber in erster Linie abkassieren wollte. Nun also München. Corona. Und alle machen mit, schon an diesem 5. März.

Ein paar Tage später habe ich begonnen, öffentlich dagegen anzuschreiben. »Die Medien-Epidemie«, *Rubikon*, 18. März. »Die Expertokratie«, gleicher Tag, gleicher Ort. In meinem Blog ein Lob auf das Magazin *Multipolar*, wo Paul Schreyer am 22. März den Umgang mit Zahlen zerlegt und die öffentliche Hinrichtung von Wolfgang Wodarg. »Kniefall vor der Wissenschaft«, *Rubikon*, 27. März. »Die Maske, Hans-Jürgen Papier und Juli Zeh«, 5. April. »Das Ende einer Ära«, *Rubikon*, 17. April. Eigentlich habe ich keine Zeit für so etwas. Ich will und muss ein Buch vollenden, eine autobiografisch gefärbte Geschichte der Journalistenausbildung in der DDR, die im Herbst unter dem Titel *Das Erbe sind wir* erscheinen wird. Die Wirklichkeit ist aber zu stark.

Wenn ich heute auf den Michael Meyen von 2020 schaue, wirkt das fast skurril. Ich wusste schon immer, dass ich vor allem für mich selbst schreibe. Dinge verarbeiten, im Wortsinn etwas schaffen. Hier auch: der Ohnmacht etwas entgegensetzen. Zugleich war da aber ein Glaube an die Rationalität. Wenn es nur gut erklärt wird, hoffte dieser frühere Meyen, dann begreifen es sogar die Politiker. Meine Reichweite war begrenzt, okay, aber ich war ja nicht allein. Das bessere Argument würde sich durchsetzen.

Die ersten Angriffe kamen von innen, von meinen eigenen Leuten. Ich hatte 2017 geholfen, ein *Netzwerk Kritische Kommunikationswissenschaft* zu etablieren – junge Leute, Kapitalismuskritiker meist und in ihrem Selbstbild irgendwie »links«, unzufrieden mit dem Zustand der eigenen Disziplin und mit den Karrierechancen, die sich daraus für sie ergaben. Wir hatten drei tolle Tagungen, zwei in München und eine in Leipzig, dort schon weit über hundert Leute. Und wir hatten jede Menge Gegenwind. In Berlin und in Mannheim forderten Kollegen in Vorlesungen und Rundmails dazu auf, dieses Netzwerk zu meiden.

Beim ersten Treffen saß mein Institutsdirektor im Raum. Jemand musste aufpassen und das alles im Zweifel richtigstellen. Online gibt es ein Video, wo man ihn kämpfen sieht. Die *Krikowi*s schrieben in meinem Blog und schienen dankbar, dass da ein Professor war, der ihnen den Rücken freihielt und einigen sogar Arbeitsverträge verschaffte. Wozu sonst sollten all meine Projekte gut sein? Damit sich Ideen an der Universität festsetzen können, braucht es Menschen, die genau dafür bezahlt werden.

Die Revolution beginnt mit Posten im Apparat.

Vor dem Virus hatten diese jungen Leute Angst. Allesamt. Eine Frau, promoviert in den USA und auch sonst mit allen Voraussetzungen für eine akademische Karriere, schickte mir einen Beitrag, der mich mehr oder weniger zum Idioten stempelte. Die gleiche Frau, die mir vier Wochen vorher das T-Shirt mit dem Slogan »Speerspitze« geschenkt hatte. Ich stand vor der Wahl, zum Zensor zu werden oder auf meinem eigenen Portal am Pranger zu stehen. Dieses Dilemma habe ich in fünf Sätzen kommentiert. Meine Punkte damals: Obrigkeitshörigkeit, die Geringschätzung bürgerlicher Freiheiten und die Absage an jede Debattenkultur. Die *Krikowis* haben sich auf die Seite dieser Frau geschlagen und mir damit die Illusion genommen, gerade an einer neuen geistigen Heimat zu bauen.

Mein wichtigster Sparringspartner, ein Forscher von Format, dem wir die Enttarnung transatlantischer Netzwerke in den großen Redaktionen verdanken, schrieb eine seitenlange Abschiedsmail, kälter als kalt – genau an dem Tag, an dem ich als Sprecher des Forschungsverbunds *Zukunft der Demokratie* zurücktreten musste. Es tut mir nicht gut, Michael, wenn Du mir Bücher schickst und mich fragst, wie Du Deine Verteidigung organisieren sollst. Dafür ist es längst zu spät.

Ich dachte damals, dass es ums Ganze geht. Um die Professur, um alles, was ich mir in zwei Jahrzehnten aufgebaut hatte. Der Text in der *Süddeutschen* war unscheinbar. »Ein Blog, der Unmut auslöst«. Nicht einmal ein Foto. Online sieht man heute ein Bild von Ken Jebsen, mit Käppi und Maske, aufgenommen bei einer Demo in Stuttgart. Ich weiß gar nicht, ob das damals auch schon dort war. »Der LMU-Professor Michael Meyen«, schreibt Sebastian Krass, Jahrgang 1980, »bietet im Internet fragwürdigen Ansichten ein Forum«.

Stein des Anstoßes ist eben jener Ken Jebsen, von den Leitmedien gerade als eine Art Staatsfeind Nummer eins auserkoren, den ich 2018 nach zwei Interviews für das Format *KenFM im Gespräch* gelobt hatte, schon seinerzeit unter Murren von Kollegen und einzelnen Absolventen, die im Journalismus aufsteigen wollten und nun Angst vor Kontaktschuld hatten, frei nach dem Motto: Meyen trifft jemanden, der stigmatisiert ist. Ich habe bei Meyen promoviert. Also bin ich nun auch stigmatisiert. Blödsinn, klar. Nach dieser Logik hätte ich niemals zu Jebsen gehen dürfen. Kontaktschuld ist der Tod von Journalismus und Wissenschaft.

Sebastian Krass ficht das Ende Mai 2020 nicht an. »Fragwürdige Thesen« im Blog eines LMU-Professors. Ken Jebsen, Bill Gates und die WHO. Eine heilige Dreifaltigkeit, zu finden in einem Beitrag, den einer meiner Mitarbeiter geschrieben hatte. Krass bringt die Institutsleitung dazu, sich in einer Stellungnahme von mir zu distanzieren. Die beiden Mittelbausprecher fordern intern, mir alle Doktoranden und Postdocs wegzunehmen, und sammeln dafür Unterschriften. Meyen könnte den Nachwuchs, unsere Schutzbefohlenen, zwingen, sein wirres Zeug zu verbreiten. Was dieser

Nachwuchs selbst denkt, ist egal. Auch ich werde nicht gefragt. Wozu reden. Die Wahrheit steht doch in der Zeitung.

Parallel stimmt der Forschungsverbund ab. Sebastian Krass hat das in seinem Artikel wie nebenbei fallen lassen. Ein »bayernweites« Projekt, »in dem es um die Zukunft der Demokratie geht«, geleitet von diesem Meyen. Im nächsten Satz das Wort »Verschwörungstheoretiker«. Sieben von elf Projekten wollen mich als Sprecher weghaben, noch am gleichen Tag oder erst am nächsten. Ich weiß es nicht mehr genau. Treibende Kraft ist die Jugend. Einen Soziologen, frisch promoviert, den ich mag und dem ich hin und wieder geholfen habe, rufe ich an. Ken Jebsen, Michael. Das geht gar nicht. Und dann die Abgrenzung. Hol das nach. Du bist nach rechts offen.

Ich lerne: Wir wollen zwar Demokratie, suchen uns aber aus, wer mitmachen darf. Und wir kennen zwar Plattformen wie *KenFM* nicht und schauen dort garantiert nichts an, wissen aber, was wir davon zu halten haben.

Bevor ich meinen Posten abgebe, tagt die Steuerungsgruppe – ein paar Projektleiter und die Geschäftsführerin. Ein Professor aus der evangelischen Theologie behauptet auf dem Bildschirm, ich verbreite Verschwörungstheorien. Ich lasse das nicht auf mir sitzen und bekomme später als »Beweis« eine Wischi-Waschi-Mail, in der es um meine Kritik am öffentlich-rechtlichen Rundfunk geht. Substanz hat das nicht. *Hypotheses*, mein Blog-Host, löscht immerhin einen Tweet mit der gleichen Behauptung, nachdem ich mich beschwert habe.

In den Kapiteln 4 bis 6 analysiere ich die Hebel, mit denen es der Hochschulpolitik gelungen ist, Neugier und Offenheit durch Angst zu ersetzen. Es geht dort um Bologna, um Anreizsysteme, um inhaltliche Weichen. Ohne die Digitalplattformen, sagt der Medienforscher Michael Meyen an dieser Stelle, wäre es trotzdem schwer geworden, die jüngeren Akademikergenerationen zuzurichten. Twitter, Instagram, Facebook: Auch die Wissenschaft steht heute unter Dauerbeobachtung. In manchen Ländern steigen inzwischen die Aussichten auf eine Professur, wenn man viele Follower hat. Das funktioniert nur über Moralisierung. Die Plattformen verlangen ein Identitätsangebot, wenn man Reichweite haben will. Das finde ich gut, das finde ich schlecht. Sonst verschwindet der Post im Nirwana. Twitter, Instagram und Facebook sehen jedes Thema durch die Brille der Moral. Es geht immer um mich, um die Gruppe, zu der ich gehören will, oder um die, die ich aus vollem Herzen ablehne. Nichts löst stärkere Emotionen aus, nichts bringt andere schneller zum Teilen, Liken, Kommentieren. Hier beginnt *Die Vereindeutigung der Welt* (Thomas Bauer), hier beginnt der Unwille, Vielfalt und Ambiguität zu ertragen – auch in der Wissenschaft, die genau davon lebt. Richard David Precht und Harald Welzer haben das in ihrem Bestseller *Die vierte Gewalt* auf einen Begriff gebracht: Teamsport. »Das Spiel heißt: WIR gegen DIE.«

Egal ob im Mai 2020 oder im März 2023: Angepfiffen wurde bei mir auf Twitter. Muster: Vorwurf von unbekannt, saftige Hashtags und scheinheilige Fragen. Was sagt das Institut? Die LMU? Der Forschungsverbund? Wer darauf Wert legt, dass sein Moralschild sauber ist, und permanent zeigen will, dass er zu »den Guten« gehört, kann das nicht auf sich sitzenlassen, erst recht nicht, wenn Journalisten mitmischen. »Ein Blog, der Unmut auslöst«: Solche Texte schreiben sich heute fast von selbst. Die Institutionen liefern den Stoff, indem sie sich distanzieren, winden, wehren. Ignorieren scheint keine Option zu sein, wenn die Moral einmal an die Macht gekommen ist. Wer oder was Journalisten wie Sebastian Krass antreibt, ist dabei eine offene Frage. Sein Gewährsmann vom Mai 2020, der Twitter-Nutzer »Christopher Klein«, ist verschwunden. Das Twitter-Profil gibt es nicht mehr und damit auch nicht den Thread, in den er so viel investiert hat.

Die Digitalplattformen haben auch den Austausch unter Wissenschaftlern vergiftet. Als der *Spiegel* am zweiten Mai-Wochenende 2020 gleich zehn Reporter auf die Straße schickte, um die Corona-Demos zu verunglimpfen, habe ich das mit der DDR verglichen, mit dem Leipzig von 1989, wo die SED in ihren Zeitungen gegen alle hetzte, die angeblich dabei waren, »die öffentliche Ordnung zu stören«, und am Ende auch unverhohlen mit Waffengewalt drohte. Ich war stolz auf diesen Text. Mediengeschichte lohnt sich doch. Einige Kollegen im Institut sahen das anders, sind aber nicht zu mir gegangen, sondern ins Internet. Einen habe ich auf dem Flur angesprochen, einen jüngeren Mann, verständig wie immer. Seinen Post hat er trotzdem nicht gelöscht.

DDR-Vergleiche, das sehe ich heute viel klarer als Anfang 2020, sind ein No-Go in einer Öffentlichkeit, die von Westdeutschen dominiert wird und von einer Geschichtserzählung, die eine »Diktatur« braucht, damit der Sieger strahlen und alle Fragen beiseite wischen kann. Unser Journalismus und die roten Wurstblätter von damals? Gott bewahre. Sie sollen dankbar sein, die Ossis, erst recht, wenn sie irgendwie verstrickt waren in der dunklen Zeit. Wer war das nicht, wenn er 1989 schon erwachsen war, etwas aus sich machen und das Land auf keinen Fall verlassen wollte? Birk Meinhardt, der von der *Jungen Welt* zur *Süddeutschen Zeitung* kam und auch dort schnell herausragte, hat ein ganzes Buch geschrieben über das Schulterzucken der neuen Kollegen. Es interessierte einfach niemanden, was er in der DDR erlebt und welche Lehren er daraus gezogen hatte.

Wer nur eine Welt kennt, hält sich daran fest, solange wie es geht. Ich sehe den Studenten Michael Meyen, 1989 in Leipzig, der nicht wahrhaben will, dass seine Welt gleich untergehen wird und mit ihr alles, was er anstrebt, eine Karriere im Journalismus oder an der Universität vor allem. Dieser Student weiß, dass die Demonstranten Recht haben und nur das auf die Straße tragen, was er in Seminaren und Kneipen kritisiert. Ich bin trotzdem nicht mitgegangen und habe mein Parteibuch erst im Februar 1990 zurückgegeben, selbst da noch mit einem schlechten Gewissen. So etwas stählt, wenn man es nicht vergisst. Ich konnte das schon deshalb nicht, weil ich permanent auf meine Vergangenheit gestoßen wurde. Warum bist Du damals auf der »falschen« Seite gelandet? Warum sollen wir Dir eine zweite Chance geben? *Der Osten*, sagt Dirk Oschmann, kann vergleichen, weil er mehr erlebt hat. In seinen Worten: Realsozialismus, Umsturz, die anderthalb Jahre »Basisdemokratie«, bis der Westen übernahm, und schließlich die »gegenwärtige Spielart der Demokratie«. Vielleicht musste dieser Osten deshalb zu einem »infamen Zeichen der Unterscheidung« werden, zu einer »Markierung«, die nicht nur diejenigen ausbremst und ausschließt, die in der DDR aufgewachsen sind, sondern auch ihre Kinder und Enkel.

Zurück zu dem jungen Mann, der nicht mochte, dass ich Parallelen ziehe, zurück zu den aufstrebenden Wissenschaftlern von heute, die beim Canceln scheinbar voranmarschieren. Um nicht falsch verstanden zu werden: Der Fisch stinkt immer vom Kopf. Keine Institutsleitung, keine Steuerungsgruppe, kein Professor ist gezwungen, irgendeinem Ansinnen nachzugeben, nur weil es von der Jugend kommt und vielleicht auf Twitter verstärkt wird. Es kann gut sein, dass Doktoranden selbst auf die Idee kommen, einen ihrer Götter stürzen zu wollen. In der Universität funktioniert das aber nicht ohne Lehrstuhlinhaber. Die akademische Hierarchie produziert ganz automatisch Abhängigkeitsverhältnisse. Wer aufsteigen will, braucht Gutachter – bei der Dissertation und bei der Habilitation, bei Veröffentlichungen, bei Anträgen und erst recht in Berufungsverfahren. Ich zeige später, wie die große Koalition aus Konzernen, Staat und Regierungsparteien die Autonomie der Universitäten im »umgekehrten Totalitarismus« auch an dieser Stelle mehr und mehr zu ihren Gunsten aushebelt, im Prinzip aber gilt: Nur die Professoren entscheiden, wen sie in ihre Reihen aufnehmen und wen nicht. Kooptieren, ganz klassisch. Es ist folglich genauso wahrscheinlich, dass die Protestnoten des akademischen Nachwuchses von den Chefs angeregt oder in einem Einverständnis geschrieben wurden, das keine Worte braucht.

Der Showdown im Institut läuft am 3. Juni 2020 auf einem Bildschirm. So war das damals. Zoom-Wochen, aus denen Zoom-Jahre werden sollten. Ich bin ganz hinten auf der Tagesordnung, bestehe aber darauf, alle Belanglosigkeiten zu streichen und gleich zur Sache zu kommen. Was für ein Erlebnis. Der Institutsdirektor, ein paar Jahre jünger als ich, hat sich den Schmerz von der Seele – ja, was eigentlich? Er war jedenfalls laut. Vertrauensverhältnis zerstört, lange schon. Meine Blogbeiträge seit 2017. Das Ansehen des Instituts, in der Uni, im Fach, draußen. Vor allem aber eine Replik, veröffentlicht Anfang 2019, in der es um einen Aufsatz ging, an dem er beteiligt war, als sechster Autor hinter fünf Frauen, von denen einige noch studierten.

Für alle, die den Publikationsbetrieb nicht kennen: Repliken sind das schärfste Schwert im akademischen Deutungskampf. In einer Replik sagt man: Das stimmt so nicht, liebe Kollegen. Das könnt ihr so nicht machen. Man legt sich mit den Autoren an, mit den Gutachtern, mit der Zeitschrift und riskiert dabei zugleich, selbst als Scharlatan enttarnt zu werden. Das ist die größte Angst im Universitätsbetrieb. Jeder weiß, dass er nicht alles weiß, und fürchtet folglich, öffentlich eines Irrtums überführt zu werden.

Ich habe mehrere Repliken kassiert. Im ersten Moment, wenn die Nachricht kommt, ist das schrecklich. Jetzt haben sie mich. Jetzt ist alles vorbei. Je länger ich dann darüber nachgedacht habe, desto besser wurde es. Die Antworten gehören zu den Texten, die ich immer noch gern lese, zumal ich weiß, dass sie wahrgenommen wurden. Auch Wissenschaftler mögen das Duell, wenn sie nicht selbst fechten müssen.

Ich wusste natürlich, dass das Stress bringen würde. Die Kollegen im eigenen Haus. Das Nest, das man nicht beschmutzt. Der Artikel ließ mir aber keine Wahl. Im Titel war von »Medienfeindlichkeit« die Rede. Der Feind. Ein Begriff aus dem Vokabular des Militärs. Der Feind ist mehr als ein Kritiker, ein Gegner, ein Kontrahent, ein Widersacher. Mit Feinden wird nicht verhandelt. Feinde schießen, und man schießt zurück. »Gut ein Viertel der Deutschen« hätten »medienfeindliche Vorstellungen«, sagt der Text mit Verweis auf eine repräsentative Studie. Was machen wir mit diesen Menschen, wenn das stimmen sollte? Die Autoren lassen da wenig Zweifel, wenn sie »Medienfeindlichkeit« mit »extremer Medienkritik« gleichsetzen und von »einer gesunden Skepsis gegenüber Medien« abgrenzen.

Wer krank ist, braucht Behandlung.

Wohlgemerkt: Der fragliche Artikel ist 2018 erschienen. Ich wollte den Anfängen wehren. Ich wollte verhindern, dass meine Disziplin die Munition liefert, mit der das Zeitgespräch der Gesellschaft zum Verstummen gebracht wird. Populismus. Querfront. Wutbürger. 2018 ist das alles noch harmlos. Schon damals aber wussten die Kollegen, dass die »Alternativmedien« schuld sind. Wer sich dort informiert, so lässt sich das zusammenfassen, wird über kurz oder lang zum Feind. Die empirische Basis war hanebüchen. Meine Replik steht im Netz. Man kann dort lesen, dass ich geahnt habe, was kommen wird. Verbote, Abschaltungen, Löschungen. Der Aufsatz, gegen den ich da angeschrieben habe, war ein kleiner Baustein für das Fundament, auf dem heute das steht, was nicht nur Hannes Hofbauer *Zensur* nennt.

In meinem Institut war diese Replik der Tropfen, der das Fass zum Überlaufen brachte. Ich wurde nicht mehr gegrüßt und erfuhr nur auf Umwegen, dass die Kollegen nicht etwa wie üblich daran dachten, in der Zeitschrift zu antworten, sondern sich beim Ethikausschuss der Fachgesellschaft beschweren wollten. Meine Wortwahl. Ich hatte zum Beispiel davor gewarnt, »die symbolische Umwelt nicht selbst weiter zu verschmutzen«. Wissenschaftlich verbrämt, sicher, aber eindeutig genug – genau wie der Verdacht, dass es hier um den »Abbau« der Demokratie gehe (»weniger Räume für Partizipation und Meinungsäußerung«). Schlimmer aber war, dass ich damit den Nachwuchs angriff. Studenten, weiblich noch dazu, mit ihrem ersten großen Aufsatz. In der Wissenschaft gibt es keinen Welpenschutz. In der Wissenschaft zählt allein das Argument, ganz egal, von wem es kommt. Deshalb werden solche

Aufsätze anonym begutachtet. Und deshalb bringt es nichts, sich mit einem Wall von jungen Leuten zu umgeben, wenn man Angst vor Gegenfeuer hat.

Die Beschwerde ist nicht abgeschickt worden, aber es gab trotzdem ein doppeltes Nachspiel. Auf der Jahrestagung der besagten Fachgesellschaft bekam der Aufsatz des jugendbewegten Autorenkollektivs im Mai 2019 einen Preis. Das Münchener Institut ist das wichtigste im Land. So eine Jury agiert nicht im luftleeren Raum. Am letzten Abend gab es eine Geburtstagsfeier. Der Gastgeberladen wurde 100 und hatte einen Laudator bestellt, der nicht nur in der Universität einen Namen hat. »Die Kommunikationswissenschaft als Kampfsport« stand an der Wand. Es ging ein wenig um Geschichte und ein wenig auch um den Ort, an dem wir uns hier versammelt hatten. Vor allem aber ging es um mich und meine Replik. Akademischer Wutbürger. Im Saal wohlwollendes Nicken. Ich wusste nicht, ob ich weinen oder lachen sollte. Eine Ehre, na klar. Wer schafft es schon, sich mit einem kleinen Text in eine große Festrede zu schreiben? Du musst auch an die sozialen Folgen denken, mein lieber Michael, sagte mir hinterher ein Kollege, besorgt um den Frieden in Institut und Fach.

Was wird aus der Wissenschaft, habe ich geantwortet, wenn sich die Gleichgesinnten ständig selbst feiern?

Gut ein Jahr später, beim Bildschirm-Showdown im Juni 2020, war das alles noch da. Meine Beiträge im Blog *Medienrealität*, gestartet im Frühjahr 2017 mit dem Ziel, rauszukommen aus dem eigenen Saft und einzugreifen in die Debatten um Medienqualität und

Freiheit im Netz, die jenseits des Mikrokosmos Kommunikationswissenschaft längst auf Hochtouren liefen. Die Veranstaltungsreihe mit dem gleichen Namen, die ab Januar 2018 Menschen in die Universität holen wollte, die dort sonst nicht hinkommen – sowohl auf die Bühne als auch in den Saal. Leyla Imret, Tochter eines PKK-Kämpfers und 2014/15 Bürgermeisterin von Cizre im Osten der Türkei. Gabriele Krone-Schmalz. Christine Prayon und Kathrin Hartmann. Immer volles Haus, oft Kontroversen, manchmal auch Proteste, etwa von den Osteuropaforschern an der LMU, die nicht hören wollten, was andere Russland-Kenner zu sagen haben, genauer: die verhindern wollten, dass das an einer Exzellenz-Universität passiert, im Zentrum des neuen Wahrheitsregimes.

Der Höhepunkt dieser Reihe hat in meinem Buch *Die Propaganda-Matrix* ein eigenes Kapitel bekommen. Überschrift: »Wie ich Antisemit und Verschwörungstheoretiker wurde«. Ich will das hier nicht alles wiederholen. Man kann sich das Video aus dem Hörsaal anschauen und selbst beobachten, mit welchen Mitteln die Israel-Lobby versucht hat, die Protestbewegung *Boycott, Divestment, Sanctions* (BDS) aus öffentlichen Räumen zu verbannen. Man kann Andreas Zumach lauschen und seine Rede über »Israel, Palästina und die Grenzen des Sagbaren« auch nachlesen. Der Anti-BDS-Beschluss des Münchner Stadtrats vom Dezember 2017, der unser Aufhänger war, ist im Januar 2022 vom Bundesverwaltungsgericht gekippt worden. Begründung: ein unzulässiger Eingriff in die Meinungsfreiheit.

Dem Präsidenten meiner Universität, der mich nach der Veranstaltung zum Rapport bat, war das 2018 genauso egal wie meinen Kollegen, die Studenten davon abhielten, sich selbst ein Bild zu machen, und zu dritt gekommen waren, voller Angst, selbst erschlagen zu werden von der Kontaktschuldwelle, die via Meyen über sie hereinzubrechen drohte.

Immerhin: Nachdem der Dampf auf dem Bildschirm verraucht war, haben wir uns darauf geeinigt, die Distanzierung auf der Institutsseite zu ersetzen durch ein Bekenntnis zu Vielfalt und Wissenschaftsfreiheit. Ich hatte dafür angeboten, mich wieder mehr einzubringen in das Institut, etwa als Mitglied der Leitung, und angekündigt, mich sonst an das Ministerium zu wenden sowie an den Ethikausschuss der Fachgesellschaft. Bei unseren Kindern hieß so etwas früher: unsinnige Drohung. Erfinde irgendeine Kulisse, die Du sowieso nicht bauen wirst, und Sohn oder Tochter lachen Dich aus. Nicht so die Kollegen. Sie wussten vermutlich, dass ihre beiden Mittelbausprecher zu weit gegangen waren. Außerdem gab es Druck in der Gegenöffentlichkeit, vor allem im Portal *Telepolis*, wo zwei Texte von Florian Rötzer, damals Chefredakteur, und Marcus Klöckner hohe sechsstellige Zugriffszahlen hatten und jeweils zu ein paar hundert Kommentaren führten, gar nicht so wenige davon aus der Stadt, wo ich auch durch die Reihe *Medienrealität* Fans und Unterstützer hatte.

Leitungsmitglied bin ich nicht geworden. Bei der nächsten Wahl ein paar Wochen später war mein Angebot kein Thema. Es gab drei Kandidaten, von allen abzusegnen. Dafür gingen die Angriffe aus dem Haus wieder los. Nach dem *SZ*-Artikel hatte ich mich von der Seite Medienrealität verabschiedet, weil die Atmosphäre zu aufgeladen war für das, was mich am Bloggen reizt: Rückmeldung, Austausch, Debatte – sofort und ohne den langen Umweg über Reviews, Repliken, Leserbriefe.

Im Oktober 2020 versuchte ich einen Neustart. Plötzlich in der Kommentarspalte präsent: Professoren aus meinem Institut. Als ich zum Beispiel fragte, was die Maskenpflicht aus den »kleinen Öffentlichkeiten« macht, aus den zufälligen Begegnungen auf der Straße oder in der Bahn, bei denen man beobachten kann, wie Fremde dieses und jenes sehen, und so für einen Moment herauskatapultiert wird aus der eigenen Blase, schrieb einer: »Ich für meinen Teil kann mich auch mit Maske wunderbar unterhalten, auch über die Kritik an den Corona-Maßnahmen. Die Maske ist ein kleiner Beitrag und ein verhältnismäßig geringer Eingriff in Freiheitsrechte. Sie ist vernünftig, rücksichtsvoll und solidarisch.« Na fein. Die *Tagesschau* in meinem Blog. Es ging nicht um Dialog. Es ging um Diskreditierung. Tenor: Dieser Meyen ist kein Wissenschaftler. Glaubt ihm kein Wort. Ich habe die Kommentarfunktion abgeschaltet und den Spaß an der Sache verloren. Roland Rottenfußer hat mir später eine schöne Begründung geliefert. Der Kampf um Macht, schreibt dieser Autor, ist auch ein »Kampf um Lebensenergie«. Deshalb keine Sekunde den Energieräubern. Sie wollen, dass man sich mit ihnen beschäftigt und so die Kraft verliert für das, was einem selbst am wichtigsten ist.

Wahrscheinlich bin ich schon zu sehr ins Detail gegangen und will deshalb daran erinnern, dass das alles in meinem Gipfeljahr passiert ist – ein paar Wochen oder ein paar Monate, nachdem ich akademisch und gesellschaftlich oben angekommen war.

Den Vogel haben Ende 2020 anonyme Autoren abgeschossen, die sich hinter dem Namen *Linkes Bündnis gegen Antisemitismus München* verstecken und damit gedeckt werden von SPD, Grünen, Linkspartei. 35.000 Zeichen unter der Überschrift »Michael Meyen und das Antisemitismusproblem an der LMU«. Heute würde ich das auf sich beruhen lassen. Sollen sie schreiben. Sollen sie alles in den Sack Antisemitismus werfen, was ich je gemacht habe. *KenFM* und *Rubikon*, die Veranstaltung mit Andreas Zumach, Kritik am Corona-Journalismus und sogar die Verweise auf einen Ahnen meines Fachgebiets wie Albert Schäffle, einen Öffentlichkeitstheoretiker aus dem späten 19. Jahrhundert, dessen gewaltiges Werk über Nacht auf ein paar Zeilen reduziert worden war, aus denen man ableiten zu können glaubte, dass er Juden für Parasiten und Sozialschmarotzer hielt. Mag sein.

Die Richter haben das anders gesehen, zumindest in der zweiten Instanz. Trotzdem. Der Prozess hat jede Menge Geld gekostet und mich ein paarmal in die *Süddeutsche* gebracht. Vergesst bloß nicht, was dieser Meyen für einer ist. Das *Linke Bündnis* schreibt das immer noch jedem, der mich für einen Vortrag einlädt. Manche lassen sich davon einschüchtern und sagen ab.

Die meisten dürften eine solche Veranstaltungsidee von vornherein verwerfen.

Um die Analyse nachvollziehen zu können, die ich in den Kapiteln 4 bis 6 anbiete, muss man wissen, dass Corona für Universität und akademische Debatte zwar ein Einschnitt war, aber nicht der Anfang vom Ende. Alles, was ich später beschreibe, setzt viel früher ein, geplant in den 1990ern und umgesetzt ab dem folgenden Jahrzehnt. Corona ist der Katalysator, der das für jeden sichtbar macht, was unter einer glitzernden Fassade schon lange gärt.

Der fehlende Wille zur »Wahrheit«, getötet auch von der Sorge um die Außendarstellung, ist mir schon in den Nullerjahren begegnet, in einem Forschungsgebiet abseits jedes öffentlichen Interesses. Nach meiner Berufung wollte ich wissen, wo ich da gelandet war, und habe begonnen, die Geschichte von Institut und Disziplin zu schreiben. Verdienstvoll, dachte ich. Gib mir einen Stammbaum, und ich werde wichtiger. Was sollen Menschen dagegen haben, die sonst niemand wahrnimmt? Pustekuchen. Ich könnte ein Buch füllen mit den Versuchen, meine Veröffentlichungen schlechtzureden oder gar zu unterbinden.

Es gab einen Hörsturz, nachdem ich vorsichtig nach der Leistung eines Professors gefragt hatte, und empörte Briefe seiner Freunde. Es gab eine Sitzung, in der der Vorstand der Fachgesellschaft allen Ernstes diskutierte, ob man mir verbieten solle, weiter biografische Details zu veröffentlichen, in einem Onlinelexikon, das den Anspruch hat, wissenschaftliche Arbeit transparent zu machen. Und es gab einen Shitstorm, auf Englisch diesmal, weil ich in den USA in einem Vortrag und in einem Aufsatz die These in den Raum gestellt hatte, dass alles, was von dort aus als »Internationalisierung« verkauft wird, eigentlich »Amerikanisierung« heißen müsste.

Getroffene Hunde bellen, habe ich damals gedacht. Immerhin nimmt man mich und meine Arbeit wahr. Im Prinzip gilt das auch für eine Tagung in Lissabon, europäisch zwar, aber deutsch dominiert, wo ich 2014 ziemlich verlassen auf der Eröffnungsparty stand. Die Leute wichen mir aus, selbst die, die ich besser kannte. Mein Vergehen: eine Rezension, ein Text also, unter dem mein Name stand und in dem ich bezweifelt hatte, dass eine bestimmte Forschungsrichtung sinnvoll ist. Meine Themen waren und sind Journalismus und Öffentlichkeit. Wie entsteht das, was in einer Gesellschaft für bare Münze gehalten werden muss, weil wir unterstellen, dass alle anderen (oder zumindest diejenigen, die gerade das Sagen haben) die gleichen Botschaften gesehen haben? Wer füttert die Redaktionen, mit Menschen und mit Material? In der Rezension ging es um Forscher, die sich für Technik interessieren, für die Kamera im Parkhaus etwa oder für künstliche Assistenten. Sollen sie machen, habe ich sinngemäß geschrieben, aber bitte nicht in meinem Fach.

Die Folge: ein Verfahren vor dem Ethikausschuss, der hier zum dritten und damit letzten Mal erwähnt wird.

Ich wurde zwar »freigesprochen« (wovon eigentlich genau?), war aber in gewisser Weise vorbereitet auf das, was dann ab dem Frühjahr 2020 passierte, zumal meine Münchner Kollegen die wissenschaftliche Qualität schon zwei Jahre vorher auf dem Altar der politischen Hörigkeit geopfert hatten. Anlass war eine Masterarbeit, betreut von mir und von einer Jury mit dem *Best Theses Award* des Instituts ausgezeichnet. In der Studie ging es um *Tagesschau* und *Wremja*, zu sehen im russischen Staats-TV. Die Absolventin, aufgewachsen in St. Petersburg und mit 17 nach München gekommen, zeigt hier mit viel Aufwand, was die wichtigste deutsche Nachrichtensendung ihren Zuschauern im ersten Halbjahr 2017 präsentiert hat – ein westlich geprägtes Russlandbild, das sich »weitgehend« mit der »Perspektive der Bundesregierung« deckt.

Der Clou: In Russland war das nicht viel anders. Was das Fernsehen dort über Deutschland berichtet, bedient die Interessen der Regierung in Moskau. Sie ahnen es: So etwas darf man zwar in einer Masterarbeit schreiben, aber nicht mit einem Preis adeln und damit auch nach außen für jeden sichtbar zu einer »Wahrheit« machen. Die Jury wurde entmachtet, indem jedes Votum ab sofort von einem Professoren-Veto gekippt werden durfte. Corona konnte kommen.

Muss ich erwähnen, was aus all den Angeboten und Einladungen geworden ist, die ich im Dezember 2019 in Leipzig bekommen habe?

Die Ausnahme von der Regel heißt Jörg Baberowski, Jahrgang 1961 und unter anderem Sprecher des Forschungsverbundes *Landschaften der Verfolgung*, in dem ich gleich zweimal zu Gast war, als Kommentator bei einer Tagung und als Redner im Verbundkolloquium. Man muss dazu wissen, dass wir die DDR vollkommen unterschiedlich sehen und uns außerdem beim Auftakt im Zeitgeschichtlichen Forum vor aller Augen gestritten haben, weil ich für Werbung auf den Digitalplattformen war und er strikt dagegen. Ich kannte damals seine Geschichte noch nicht, die viel prominenter ist als meine und so sehr viel besser belegt, wie schlecht es hierzulande schon in den frühen 2010er Jahren um die Wissenschaftsfreiheit bestellt war. Er wird das eines Tages selbst erzählen. Für den Moment mag ein Hinweis auf seinen Wikipedia-Eintrag genügen und hier vor allem auf den Abschnitt »Kontroversen« – stets ein Indikator für das, was das Wahrheitsregime gerade sanktioniert.

Ich verzichte darauf, die Corona-Jahre Schritt für Schritt durchzugehen, und springe gleich in das Frühjahr 2023, in das Tal gewissermaßen, um die Metapher vom Gipfel noch einmal aufzunehmen. Vermutlich war ich schon vorher ganz unten aufgeschlagen, habe das aber nicht gemerkt, weil der akademische Betrieb mehr oder weniger ruhte. Keine Tagungsreisen, keine Vorträge, überhaupt wenig persönlicher Kontakt. Die Büros, sonst immer voll und gar nicht so selten Startpunkt für eine Tour in den Biergarten und damit für eine Debatte über »gute« Wissenschaft, sind leer geblieben. Beim Sommerfest 2022 stand ich allein mit zwei von meinen Mitarbeitern und bin nach einem Bier gegangen. Vier Wochen vorher gab es eine Trauerfeier für einen Professor, den ich mochte und für den ich deshalb einen Nachruf geschrieben hatte. Ein alter Kumpel, inzwischen Dekan an einer anderen Uni und einst mit mir jede Woche zusammen auf der Joggingrunde, hatte noch nicht mitbekommen, dass ich in Ungnade gefallen bin. Das hat die Scham ein wenig gemildert. Ich hatte jemanden, der mit mir redete. Auf der Straße vor dem Institut traf ich einen anderen Kollegen von früher und sprach ihn einfach an. Es war ihm sichtlich unangenehm, mit mir ins Foyer zu treten. Zum Glück hatte er eine Maske in der Tasche. Ich habe ihm zwar gesagt, dass das vorbei ist, aber seine Sorge, Ansehen zu verlieren, war stärker.

Der Weg zum Absturz war gepflastert mit Medienberichten, nicht nur wegen meiner Klage gegen das *Linke Bündnis*. Der *Bayerische Rundfunk* präsentierte im Juli 2021 eine meiner Vorlesungsfolien und behauptete, ich hätte dort Ken Jebsen empfohlen. Das war erkennbar Unfug. Es ging um einen Wikipedia-Film von Markus Fiedler, abzurufen bei *KenFM*. Sandra Demmelhuber, Absolventin meiner Universität und eine Weile Mitarbeiterin im Eichstätter Journalistik-Studiengang, stören solche Feinheiten nicht. Pia Lamberty interviewen, ein Synonym für den Kampfbegriff Verschwörungstheorie, einen Islamwissenschaftler hineinrühren, der etwas mit der AfD zu tun haben soll, und im Ministerium nachfragen sowie bei der Uni-Leitung: Wollen Sie diesen Dozenten wirklich weiter dulden?

Zeit Campus, eine Art Zentralorgan für Studenten und Hochschulangehörige, hat dieses Vorgehen im Februar 2022 auf die Spitze getrieben. Acht Seiten mit Bildern, die ich hier lieber nicht kommentiere. Überschrift: »Ein Prof driftet ab. Ein Münchner Medienwissenschaftler verbreitet Verschwörungsmythen. Warum darf er immer noch lehren?« Paul Hildebrandt, der Autor, hat zwei Professoren gefunden und einen Studenten, die mit ihrem Namen für diesen Rufmord stehen. Ich will hier nicht Gleiches mit Gleichem vergelten. Wer mag, findet den *Zeit*-Text in meinem Blog, eingeordnet und kommentiert. Autor Hildebrandt schreibt, dass er in einer meiner Vorlesungen gewesen sei, in einem ziemlich leeren Hörsaal. Mit mir gesprochen hat er trotzdem nicht.

Nun aber endlich zum Frühjahr 2023, zu einer Kampagne, bei der ich nahezu alles verlor, was mich als Wissenschaftler ausgemacht hat. »Der Eklat entzündete sich an einer einzigen Zeile«: Wenigstens dieser erste Satz von Lisa Duhm im *Spiegel* stimmt, wobei es wichtig ist, Anlass und Ursache zu unterscheiden. Bei meinen Vorträgen gab es immer wieder Verwunderung. Sie können das alles wirklich auch an der Uni erzählen? Man lässt Sie dort in Ruhe? Ja, habe ich stets geantwortet und mir selbst nicht geglaubt. Die Frage war immer: Wann würde es losgehen? Die Reihe »Im Gespräch« auf *Apolut*, dem Erben des Zensuropfers *KenFM*, mit mir als Interviewer und mit Gästen, die alles in Frage stellen, was das Wahrheitsregime für richtig erklärt. US-Bindung, 9/11, Pisa und Bologna, das »CO_2-Märchen« (Bernd Fleischmann). Beiträge für *Tumult*, herausgegeben von Frank Böckelmann, den ich aus meiner Forschung kannte, weil er lose mit dem Münchener Institut verbandelt war, und 2022 in Dresden wiederfand – ein

Intellektueller, der einst mit Rudi Dutschke kämpfte, heute auf Wikipedia eher Vera Lengsfeld oder Björn Höcke zugeordnet wird und sich schon deshalb jeder Schublade entzieht. Auftritte bei *Auf1*, einem neuen Schreckgespenst des Wahrheitsregimes, im *Kontrafunk* und im *Nackten Niveau*, einem Podcast, in dem die Politiker Schmerkel und Fancy Naeser heißen. Sogar *Aufgewacht!* hat einen Text von mir gedruckt, ein Magazin der Freien Sachsen, die für den Verfassungsschutz ein Verdachtsfall sind und von mir wissen wollten, wem die Zeitungen im Freistaat gehören. Ich dachte: Das weiß ich besser als (fast) jeder andere, weil ich dabei war, als die Besitzer wechselten. Ein Beitrag zur politischen Bildung gewissermaßen – in einem Themenfeld, das emotional stärker aufgeladen ist als vieles andere, geschrieben für Menschen, die Steuern zahlen und mich so irgendwie auch finanzieren.

Die eine Zeile, an der sich »der Eklat entzündete«, steht im *Demokratischen Widerstand*, einer Wochenzeitung, die mich in der Ausgabe vom 25. März auf ihrer Titelseite als Herausgeber führt, neben Anselm Lenz und Hendrik Sodenkamp, den eigentlichen Machern, und neben Giorgio Agamben, einem italienischen Philosophen, der durch seine Arbeiten zur Biosicherheit spätestens 2020 auch in Deutschland zu einer öffentlichen Figur geworden war und seinen Ruhm nun einem Medienprojekt lieh, das im Frühjahr 2020 bei den Berliner Grundrechtedemos geboren wurde und Lesern und Verteilern seitdem das Gefühl gegeben hatte, nicht allein zu sein mit ihrer Sicht auf die Coronapolitik.

Mein Name war nicht aus Versehen in diese Reihe geraten. Ich schreibe das, weil mich auch Wohlmeinende dafür beschimpft haben. Dieses Hetzblatt, Herr Meyen. Das ist doch nicht ihr Stil. Haben Sie gesehen, was diese Leute auf Telegram verbreiten?

Habe ich nicht, bis heute nicht. Mir lag die Idee am Herzen. Eine Zeitung, die keiner Milliardärsfamilie gehört, sondern von unten kommt, gepuscht von zwei Künstlern, die 2016 in Wien am *Kapitalismustribunal* beteiligt waren. Ihr kleines Team, das sieht jeder schnell, hat beim Zeitungmachen Luft nach oben. Warum sollte ich den beiden nicht helfen? Dass daraus nichts wurde und mein Angebot schon Anfang April auf eine Medienkolumne schrumpfte, ist auch einem Lernprozess geschuldet, der nichts mit dem Schmutz zu tun hat, der sofort über uns ausgekippt wurde. Sodenkamp und Lenz wollen keine Hilfe oder können sie vor lauter Stress nicht annehmen, wer weiß. Sie machen ihr Ding und brauchen Namen, möglichst klangvoll, um dieses Ding zu adeln. Bei mir geht nur ganz oder gar nicht. Mitmischen oder Distanz. Als Herausgeber war ich nach zwei Nummern wieder raus beim *Demokratischen Widerstand*.

Der Werbeeffekt dürfte trotzdem immens gewesen sein. Ich weiß nicht, wie viele Menschen außerhalb der Sodenkamp-Lenz-Blase vorher wussten, dass es diese Zeitung gibt. Jetzt stand das überall. In der *Süddeutschen* teilweise mehrmals am Tag. Sebastian Krass, der alte Freund und Kupferstecher, musste sich hier von seinem Kollegen Moritz Baumstieger helfen lassen, um einigermaßen hinterherzukommen. Die *taz* hat »berichtet«, die *Augsburger Allgemeine*, der *General-Anzeiger* in Bonn, die *Frankfurter Rundschau*. Ein Chefredakteur rief mich später an, um mir zu erzählen, dass er einen solchen Artikel abgelehnt hat, obwohl seine Mannschaft dafür gewesen sei. So etwas läuft mit mir nicht, Herr Meyen. Die *dpa* hat berichtet, sogar zweimal. Die *dpa*. Der Kanal, der das in die Redaktionen trägt, was für alle im Land wichtig ist. Ein Professor könnte Herausgeber sein bei einer Zeitung, die wir nicht mögen. Vielleicht auch schon wieder nicht mehr. Egal. Hilfe! Das Abendland ist in Gefahr!

Wenn es in diesem Buch um Medienqualität gehen würde, müssten jetzt die Mails folgen, die ich von Journalisten bekommen habe. In zwei Substantiven: Ahnungslosigkeit und Faulheit. Ich habe das ins Netz gestellt, unter der Überschrift »Habitus der Arroganz«, genau wie die Beschwerde, die ich an den Presserat geschickt habe, weil die *Süddeutsche Zeitung* die Universität dazu getrieben hat, sich beim Landesamt für Verfassungsschutz zu erkundigen, ob dort etwas vorliegt gegen den *Demokratischen Widerstand*.

Leitmedien liefern, das wissen schon meine Erstsemester, die Themen, über die wir mit jedem reden können, und die Moral, die man damit verbinden sollte, wenn man nicht geschnitten werden möchte.

Der Mensch ist ein soziales Tier. Er möchte dazugehören. Nichts fürchten wir mehr als den Ausschluss aus der Gruppe. Die meisten sind dafür bereit, ihren eigenen Augen und Ohren zu misstrauen und nachzuplappern, was die Mehrheit sagt. Ich wurde sofort geschnitten, obwohl all das, was ich zur Medienrealität von Corona geschrieben und gesagt habe, jeder empirischen und theoretischen Prüfung standhält und obwohl gegen den *Demokratischen Widerstand* im Frühjahr 2023 keinerlei Verbotsverfahren lief. »Ich sehe leider keinen anderen Weg mehr«, schrieb mir eine Professorin, die ich seit 25 Jahren kenne und lange für eine Freundin gehalten habe, mit Geburtstagsfeiern, Taufe, Familienurlaub. Jetzt wollte sie raus aus dem *Editorial Board* meines Onlinelexikons, wo sie die gleiche Rolle spielte, die mir Sodenkamp und Lenz bei ihrer Wochenzeitung zugedacht hatten. Einen Tag später wurde ich selbst aus einem solchen Board hinauskomplimentiert, in einer Zeitschrift, bei der ich von Anfang an mehr als nur dabei war. »Diese Mail fällt mir persönlich nicht leicht«, schrieb der Kollege. Treten Sie bitte zurück. »Ich halte diesen Schritt für notwendig, um das Journal nicht zu beeinträchtigen.«

Ein Handbuchbeitrag, entstanden unter Schweiß und Mühen und längst abgenommen sowie fertig für den Druck, wurde mir per Brief zurückgegeben, unterschrieben von den drei Herausgebern und gestützt auf die »Gemeinschaft« der Mitautoren, in der wegen meiner Beteiligung »erhebliche Unruhe entstanden« sei. Diese Zeitung. Nicht nur ein »Sprachrohr der Querdenker- und Corona-Leugner-Szene«, sondern auch mit einer »Sichtweise auf die Geschehnisse in der Ukraine, die angesichts der Verbrechen an der dortigen Bevölkerung durch die russische Aggression problematisch ist«.

Und nun auch noch der Verfassungsschutz. Eine Zusammenarbeit mit mir sei unter diesen Umständen weder den Herausgebern »zumutbar« noch den anderen Autoren. Ich paraphrasiere das, um die Doppelpunkte aus der Genderreligion zu umschiffen. Der Brief liegt bei mir, genau wie das Schreiben des Verlages, der unseren Vertrag »angesichts der Vorgänge« (konkreter wird es nicht) »aus wichtigem Grund mit sofortiger Wirkung« kündigte und mir freundlicherweise die »Verwertungsrechte« an meinem Beitrag überließ.

Ein Gespräch gab es nur im Forschungsverbund *Das mediale Erbe der DDR*. Mein Stellvertreter hat mich angerufen und gefragt, ob ich dabei sein will, wenn die Speerspitze abgebrochen wird. Das hat er so natürlich nicht gesagt, mir aber immerhin zugehört. Im Frühjahr 2020 hatten wir den Mediensturm noch zusammen ausgesessen. Das kenne ich, Michael, hat er damals gesagt. Das geht vorüber. Ganz hat das schon damals nicht gestimmt. Selbst in unserem Verbund haben sich Doktoranden geweigert, in meiner Vorlesung aufzutreten oder in einem Blog zu schreiben, der von mir herausgegeben wird, obwohl beides vom Geldgeber gewünscht war. Jetzt, drei Jahre später, war es vorbei, obwohl mir versichert wurde, als Sprecher einen guten Job gemacht zu haben. Mein Nachfolger ist in Westberlin aufgewachsen und hat italienische Wurzeln. Nichts gegen diesen Kollegen, wohl aber etwas gegen eine Gruppe von Historikern, die nicht sehen will, dass ich das verkörpere, was der Verbund untersuchen soll, und dass ihre Forschung ohne meine Perspektive alles verliert, was die »disziplinierte Skepsis« (Michael Esfeld) ausmacht, die Wissenschaft von anderen Wahrheitsinstanzen unterscheidet.

Ein Medienpranger macht einsam, zumindest in der akademischen Welt. Eine Nachricht von einer Germanistin, sechs Bahnstunden entfernt, die fragt, ob wir nicht irgendwann zusammen ein Seminar machen sollten. Eine Physikerin aus Sachsen, die sich von einem Text über Rammstein angestachelt fühlt, in dem ich darüber nachdenke, wie schwer es ist, gegen eine Moralmauer anzuschreiben, und dabei auch sage, dass das Schlagwort »Verfassungsschutz« Zuspruch und Hilfsangebote verringert hat. Ein Professor an meiner Fakultät, der sich in einer Rundmail an Dekanat und Institutsdirektoren über die *Süddeutsche* aufregt: »Ich bin entsetzt. In meiner Jugend haben wir uns über die Menschenjagden der *Bildzeitung* empört. Stichwort: Die verlorene Ehre der Katharina Blum. Sollen wir dazu nicht mal Stellung nehmen? Ich meine nicht eine Distanzierung vom Kollegen, sondern eine Empörung über die Praktiken der *SZ*. Was meint Ihr?«.

Was daraus geworden ist, weiß ich nicht. Wochen später ein Anruf von einem Pensionär. Er hat mein Interview in *Tichys Einblick* gesehen, geführt von Alexander Wendt, möchte den Vorstand unserer Fachgesellschaft informieren und das *Netzwerk Wissenschaftsfreiheit* und dafür noch zwei andere Veteranen mobilisieren. Sonst: lautes Schweigen.

Der Vorsitzende der Fachgesellschaft antwortet schnell. Seien Sie froh, lieber Kollege. Eigentlich müssten auch wir uns von unserem Mitglied Meyen distanzieren. Wenn er bei uns an der Uni wäre, hätten wir das längst gemacht.

Ich bin noch in der gleichen Woche ausgetreten.

Das soll nicht mimosenhaft klingen. Wenn eine Tür zugeht, öffnen sich zwei neue. Von außen sieht so ein Forscherleben glamourös aus. Heute eine Tagung in Fukuoka, morgen in Leicester und übermorgen in Moskau. Dazwischen ein Projekt in Sri Lanka. Ich spare mir weitere Details aus meinem Kalender von 2016. Egal, wo man gerade ist: Man trifft immer dieselben Leute. Die meisten der Alten, über hundert aus Deutschland und der Welt, hatte ich irgendwann zu ihrem Leben interviewt. Die Konferenzräume sind oft nur spärlich gefüllt und ohne Fenster. Man predigt zu den Eingeweihten, und selbst die kommen in der Regel nur, weil es sich so gehört. Der Austausch hält sich in den engen Grenzen, die das Publikationsregime vorgibt. Dazu mehr in den Kapiteln 5 und 6.

Der Ausschluss aus diesem System, so sehe ich das heute, hat mich befreit. Ich durfte mich noch einmal völlig neu erfinden – zum Beispiel als eine Art Wanderprediger vor Leuten, die wirklich interessiert sind, ganz andere Sachen gelesen haben als ich und mich so weitergebracht haben als die akademischen Minizirkel, oder in Projekten mit Kollegen aus Disziplinen, die weit weg sind von der Kommunikationswissenschaft und mir so ganz neue Blicke liefern. Mit dem Germanisten Carsten Gansel, einem Ostdeutschen, Jahrgang 1955 und so gerade in den Ruhestand gegangen, durfte ich die Aktion *#allesdichtmachen* untersuchen, und mit Dennis Kaltwasser und Hannah Broecker, einem Linguisten und einer Politikwissenschaftlerin, ein Institut für kritische Gesellschaftsforschung gründen. Wer weiß, wohin uns das führt.

An der Universität ist mir die Lehre geblieben. Ich schreibe diese Zeilen Mitte Juni 2023. Dienstag gab es wie jede Woche eine Vorlesung und ein Seminar. Außerdem betreue ich 17 Studenten bei ihrer Abschlussarbeit. Keiner hat sich abgemeldet, als es Ende März, Anfang April losging. Wir haben darüber im ersten Kolloquium gesprochen, genau wie in der Vorlesung, zu der mehr Leute kommen als sonst, obwohl die *Süddeutsche Zeitung* auf ihrer Meinungsseite geraten hat, sich lieber im Englischen Garten zu sonnen oder den »Quark« zu lesen, den ich in den letzten Jahren zusammengeschrieben habe, und zur ersten Sitzung sogar eine Reporter schickte, der berichten musste, dass die Proteste ausgeblieben waren, zu denen er öffentlich aufgerufen hatte und zu denen die Fachschaft per Journalistenmail offenbar auch gedrängt worden war. Im Hörsaal hat mir das geholfen. Ich konnte zeigen, wie sehr sich Medienrealität und Wirklichkeit unterscheiden, und dass sich so ein Reporter überhaupt nicht dafür interessiert, was der Angeklagte zu sagen hat.

Im Seminar war das schwieriger. Masterstudenten, handverlesen und über Praktika, Nebenjobs und Aufstiegswunsch längst eingebunden in die Netzwerke der Macht. Wir haben anderthalb Stunden diskutiert. Ich möchte später promovieren, sagte eine junge Frau.

Schadet es mir, wenn ich diesen Kurs belege? Eine andere, die schon beim *Bayerischen Rundfunk* arbeitet, hatte dort sogar bei der Compliance-Abteilung nachgefragt. Ich muss dazu sagen, dass es im Seminar um die Zukunft des öffentlich-rechtlichen Rundfunks geht und wir auch mit Menschen sprechen, die seit vielen Monaten Woche für Woche vor Redaktionen demonstrieren. Vermutlich ist es da sinnvoll, vorher im Haus zu fragen, ob man sich als Führungskraft von morgen solchen Ideen aussetzen soll.

So oder so: Dieser erste Tag im Sommersemester 2023 war anstrengender als alles, was ich in mehr als zwanzig Jahren an der Uni erlebt habe. Sie kennen das sicher: Man taucht irgendwo auf und glaubt, dass alle schauen. Eine Fantasievorstellung, sicher. Die Leute haben mit sich selbst zu tun. Egal. Mein Bild war mehrfach in der Zeitung, ohne dass ich das erlaubt hätte. Freunde erzählten, dass sie mich sogar in Tram und U-Bahn gesehen hätten – auf den Bildschirmen von Ströer, einem Werbekonzern, der von Steuergeldern abhängt und damit auch *T-Online* finanziert, ein Portal, das 150 Namen im Impressum führt, Ende März einen ersten Anti-Meyen-Text veröffentlicht hatte und so der *Süddeutschen* ein Alibi lieferte. Tut uns leid, aber die Konkurrenz hat berichtet. Da müssen wir nachziehen.

Auf der Webseite des Instituts war postwendend eine »Stellungnahme« erschienen, abgestimmt mit allen Professoren. Außer mit mir. *Audiatur et altera pars*? Nicht doch. Das ist Latein und damit lange vorbei. Die Schlagworte in den drei Absätzen: »Neue Rechte«, »extremistische und verschwörungsideologische Positionen«, »nachweisbar Fehlinformationen verbreitet«, »rechtsextremistisch«. Nicht Meyen, aber »möglicherweise« diese Wochenzeitung. Wir, »die anderen«, distanzieren uns ausdrücklich und schaffen es damit sofort auf Wikipedia. Es ist nicht einfach, die vielen Blicke dann nicht auf sich zu beziehen.

Den Kollegen habe ich eine Mail geschrieben und eine Mediation vorgeschlagen. Mein Argument: Hier wird versucht, »etwas als illegitim zu markieren, was sich im Rahmen von Verfassung und Gesetzen bewegt« – mit Folgen für meinen akademischen Leumund, auch bei den Studenten. Darüber sollten wir reden, am besten mit professioneller Hilfe, weil der Konflikt schon viel zu lange schwelt. Die Antwort des Institutsdirektors kam noch am gleichen Tag. Wir sehen keinen Bedarf, Michael. »Wir können zudem nicht erkennen, wie unsere Stellungnahme in Deine Rechte eingreift. Deine Meinungsfreiheit und Wissenschaftsfreiheit bleiben unberührt. Und was die Verunsicherung unter Deinen Studierenden angeht, da ist gewiss nicht die Stellungnahme des Instituts ursächlich gewesen.«

Heilige Einfalt. Oder besser: eine Selbstgewissheit, die ich aus der DDR kenne. Die Partei, die Partei, die hat immer Recht, und Genossen: Es bleibe dabei.

Nach Semesterende teilt mir der gleiche Kollege mit, dass es im Winter eine Parallelveranstaltung zu meiner Methodenvorlesung geben wird. Präsident und Dekan hätten darum gebeten und die Fachschaft sowieso. Die

Vorlesung ist Pflicht für alle Erstsemester. Ich habe dazu ein Lehrbuch und ein Handbuch veröffentlicht. Will sagen: Fachlich gibt es keinen Grund, mir die jungen Leute abspenstig zu machen. Also die Studenten vor eine Wahl stellen, 18-Jährige, die gerade aus der Schule kommen? Was passiert mit denen, die sich für mich entscheiden würden? Da werde ich nicht mitmachen.

Beim Präsidenten war ich zweimal. Am 3. April hat er mir gesagt, was zwei Tage vorher in der *Süddeutschen* stand, allerdings mit einem feinen Unterschied. Die Zeitung hatte mich selbst schon in der Titelzeile zu einem »Fall für den Verfassungsschutz« gemacht. Mein Dienstherr sagte, bei der Anfrage gehe es um den *Demokratischen Widerstand.* Wenn etwas gegen dieses Blatt vorliege, werde er mir die Herausgeberschaft verbieten, um Schaden von der Universität abzuwenden. Außerdem wurde mir klargemacht, worum es eigentlich geht: Man wolle einen Reputationstransfer verhindern, um jeden Preis. Ein LMU-Professor auf der Titelseite: Das ist so etwas wie ein offizieller Stempel des Wahrheitsregimes. Dann kann die Zeitung gar nicht so verkehrt sein.

Das zweite Gespräch am 24. Mai hat nur fünf Minuten gedauert. Es gebe Zweifel an meiner Verfassungstreue, zu prüfen von der Landesanwaltschaft, der Disziplinarbehörde für Beamte in Bayern.

Von dort wurde mir sechs Wochen später mitgeteilt, dass meine Universität darum gebeten habe, ein Disziplinarverfahren einzuleiten. »Zur Last gelegt« wurden mir in diesem Schreiben drei Dinge: eine große Spende von 2019, eingesammelt bei einer Lesetour zum Buch

Die Kurden und ausgezahlt an die *Rote Hilfe*, die als »linksextremistisch« gilt und in Bayern vom Verfassungsschutz beobachtet wird, ein kurzes Werbevideo für den *Demokratischen Widerstand*, gedreht im Herbst 2022, sowie die Kurzzeit-Herausgeberschaft bei dieser Wochenzeitung im Frühjahr 2023, die mich nach meinem Rücktritt auf der Titelseite in einer Art Gruppenfoto als einen von sechs »Professoren im Widerstand« bezeichnet hatte (neben Giorgio Agamben, Ulrike Guérot, Rudolph Bauer, Martin Schwab und Christian Kreiß). Der Verein, der das Blatt herausgibt, habe ich dort gelernt, werde »dem Phänomenbereich ›Verfassungsschutzrelevante Delegitimierung des Staates‹ zugerechnet« – untermauert mit den beiden Formeln »Verschwörungsideologien« und »extremistische Szeneakteure« sowie mit der Quelle Landesamt für Verfassungsschutz Berlin. *Süddeutsche Zeitung* und *dpa* wussten das alles genauso schnell wie ich.

Beim Gespräch mit dem Präsidenten saß der Leiter der Rechtsabteilung am Tisch und riet mir, einen Anwalt zu kontaktieren. Was mir vorgeworfen wird, wollten die beiden nicht sagen. Es war aber klar, dass sie eine Wahl hatten bei ihrer Entscheidung, wobei: Eigentlich hatten sie das nicht. Sebastian Krass, der in der *Süddeutschen Zeitung* sofort meldete, dass mir nun ein Disziplinarverfahren drohe, hatte meinen »Fall« auf Wiedervorlage. Nachfragen bei der Uni, Nachfragen beim Verfassungsschutz, Nachfragen bei der Landesanwaltschaft. Das hält keine Behörde durch, die auch von öffentlicher Legitimation lebt, also von guter Presse. Dass mich Lisa

Duhm am 27. Mai zu »Prof. Dr. Kokolores« machte, rundet die Sache ab. Ihr *Spiegel*-Text ist namenlos erschienen, sie hat mir aber Anfang April ein paar lustige Fragen geschickt und steht in den einschlägigen Datenbanken als Autorin. Zwei Seiten in einem Blatt, das sich einst selbst als »Sturmgeschütz der Demokratie« feierte und dann den Märchenerzähler Claas Relotius großwerden ließ. Ich werde diese Ausgabe in meinen ganz privaten Schrein hängen, gleich neben das T-Shirt mit dem Aufdruck »Speerspitze«.

4. Hebel 1

Lehre und Betreuung

Es ist ein Irrtum zu glauben, dass man nur die Inhalte konfektionieren muss, wenn man jungen Menschen den Kopf verdrehen will. Mindestens genauso wichtig ist die Form – der Ort, an dem der »Stoff« präsentiert wird, die Beziehung zwischen Dozenten und Studenten, die oft auch eine Beziehung zwischen Generationen ist, und der Rahmen, der auch bestimmt, ob man miteinander sprechen und vielleicht sogar voneinander lernen kann.

Die Hörsäle sehen heute nicht viel anders aus als in den frühen 1980ern, als ich zum ersten Mal in einer Universität war, in Greifswald damals, bei einer Matheolympiade, wo wir sehen sollten, wie es für uns weitergehen würde, wenn wir artig bleiben. Das Entsetzen ist immer noch präsent. Der Dreck und die Unordnung. Die Holzsitze. Eng, hart, beschmiert. Der Abstand nach vorn, von dem ich heute weiß, dass er eingebaut ist, um die Hierarchie zu zementieren. Der Dozent, das signalisiert schon die Architektur, weiß alles und ihr da oben wisst so gut wie nichts.

In Leipzig, wo ich ab 1988 dann tatsächlich und nicht nur für eine Probestunde studieren durfte, haben das einige Professoren auch so gesehen. Einer stand vorn und las jede Woche aus seinem Buch vor, einem schrecklichen Langweiler voller Apologetik und Parteichinesisch. Er hat das trotzdem zelebriert. Die Brille auf halber Nasenhöhe, die Lederjacke geöffnet und immer wieder Pausen, gefüllt mit Bedeutungsschwere und einem mahnenden Blick. Hört ihr auch alle zu? Genau genommen war das gar kein Studium, nicht nur wegen der Inhalte, die schon mit Journalismus zu tun hatten, aber genauso viel mit der Sicht der Macht. Es gab eine Vorlesungsreihe zur Militärpolitik, bei der es darauf ankam, sich Abrüstungsvorschläge und Bewaffnungsmuster zu merken. Wie viele Panzer hat der Osten und wie viele Sprengköpfe der Westen? Vor allem aber gab es einen Stundenplan, prallvoll von montags um acht bis freitags um die Mittagszeit, und am Semesterende Prüfungen mit Notendruck. Mein Studienbuch hat das wunderbar festgehalten.

Ich könnte jetzt schreiben: Auf Bologna war ich vorbereitet. Meine ersten drei Semester waren nicht viel anders als vorher die Schule – eine Erfahrung, die die jungen Leute heute auch wieder machen, abgesehen vielleicht von der Betreuung, die in der DDR deutlich intensiver war. An der Sektion Journalistik kamen auf 400 oder 500 Studenten knapp einhundert Wissenschaftler. In den Schreibkursen saßen wir zu fünft mit einem Dozenten, der jeden unserer Versuche auseinandernahm und dafür wirklich Muße hatte, weil seine Karriere nur sehr bedingt davon abhing, ob er in der Zeitschrift *Theorie und Praxis des sozialistischen Journalismus* präsent war. Für den akademischen Nachwuchs der 2020er Jahre zählt nur der Output. Jede Minute, die ich in einen Studenten investiere, fehlt für das Publizieren und damit für das, worauf es wirklich ankommt. Dazu mehr in Kapitel 6.

Zwischen meinem Start in Leipzig und dem Aufwachen in einem Universitätssystem, das in den späten 1990ern auf die Spur gebracht wurde und dann im nächsten Jahrzehnt seine volle Blüte zu entfalten begann, liegen, das habe ich im ersten Kapitel skizziert, Anarchie und Selbstorganisation in den achtzehn Monaten des Umbruchs, vor allem aber meine ersten Schritte als Seminarleiter – an der Hand eines Lehrstuhlinhabers aus der alten Welt. Das kann man ganz wörtlich nehmen. Ich war eine Art Sidekick und konnte lauschen, wie jemand die Universität sah, der in den späten 1960ern und frühen 1970ern im Westen studiert hatte, mit der Promotion als erster Prüfung. An manchen Tagen gab es neunzig Minuten Feuer von vorn, ausgelöst durch eine Tafel, die nicht abgewischt war, oder durch einen Mülleimer, der überlief. Wenn es um einen Aufsatz ging oder um ein Dokument, konnte es passieren, dass wir auf der ersten Seite hängenblieben. Immer war klar: Wer hier mitreden wollte, musste sich das verdienen, durch harte Arbeit vor allem. Lesen, lesen, lesen. Wenn das Semester vorbei war, fuhren wir mit dreißig Studenten ins Grüne. Tagsüber gab es Vorträge und Diskussionen, oft mit Gästen, die extra dafür nach Sachsen kamen, und abends wurde gebechert. Wenn ich heute auf die Fotos schaue, glaube ich, eine Gemeinschaft zu erkennen, neugierig und offen, genau so, wie sie unser Professor haben wollte.

Der Leipziger Magisterstudiengang hat das befördert. Nach der Zwischenprüfung musste man sich für einen der Lehrstühle entscheiden und dort dann das allermeiste machen, was für den Abschluss nötig war. Wer zu uns kam, der wusste, worauf er sich einlässt. Geschichte und Theorie. Kärrnerarbeit also, zu verrichten oft im Bergwerk der Archive. Die Konkurrenz lockte mit PR und Journalismus, mit Filmanalysen und Erbsenzählerei. Unsere Studenten mögen so zwar etwas aus dem Raster »irgendwas mit Medien« gefallen sein, sie wurden aber auch zur Selbständigkeit angehalten. Sieh zu, dass Du Zeit für Deine Sachen hast, Michael: Das ist der Satz, der mir als erstes einfällt, wenn ich an damals denke. Meine Sachen: Das war das, was mich interessierte – und möglicherweise auch tatsächlich nur mich. Für die anderen Lehrstühle am Institut gab es oft Verachtung. Zelluloseproduktion, all diese substanzlosen Papiere. Ein Hochglanzmagazin flog einmal demonstrativ in Richtung Papierkorb. Botschaft: Lasst euch nicht auf so etwas ein, liebe Leute. Geht erst dann an die Öffentlichkeit, wenn ihr etwas habt, von dem ihr wirklich überzeugt seid.

Die Seminare haben wir zwar durchgeplant, oft genug kam aber etwas dazwischen – Streiks vor allem oder Studenten, die plötzlich keine Lust mehr hatten. Leipzig war unruhig in jenen Jahren. In den Wintersemestern konnte man spätestens Ende November, Anfang Dezember darauf warten, dass der Betrieb unterbrochen werden musste. Eine Lehrveranstaltung zu nutzen, um die eigene Forschung voranzutreiben mit dem, was die Studenten ausgruben, war nahezu ausgeschlossen. Manchmal bekam man zehn Hausarbeiten und manchmal keine.

Als ich 2002 in München Professor wurde, hatten die neuen Kollegen gerade beschlossen, bei Bologna voranzumarschieren. Schnell auf Bachelor umstellen, um Pluspunkte bei der Hochschulleitung und in der Politik zu sammeln. Mit zwanzig Jahren Abstand scheint der Schritt von A nach B glatt über die Bühne gegangen zu sein. Mittendrin war das ganz anders. Ein Ex-Minister, den es fast zeitgleich zu den Politikwissenschaftlern verschlagen und der immer noch das Ohr der Redaktionen hatte, wetterte in jedes Mikrofon. Drei Jahre sind zu kurz. Die Studenten rennen nur noch Punkten hinterher und langweilen sich im Seminarraum, anstatt in die Bibliothek zu gehen, Bücher in die Hand zu nehmen und in Ruhe an einem Forschungsbericht zu arbeiten.

Die Soziologen haben das still und heimlich ganz ähnlich empfunden und schienen das Ganze aussitzen zu wollen. Wenn wir uns einfach weigern, die Papiere auszufüllen, dachten sie und sagten das manchmal auch, dann bleibt alles so, wie es ist. Die Kommunikationswissenschaft konnte sich so viel Sturheit nicht leisten. Dafür braucht es ein Selbstvertrauen, das in Tradition und Relevanz wurzelt und in akademischem Kapital.

Mich hat die Debatte damals nicht groß tangiert. Ich war jung und dachte: Was wird schon sein? Forschung und Lehre sind frei. Ich mache einfach da weiter, wo ich in Leipzig aufgehört habe, jetzt halt ohne jemanden, der im Zweifel den Kopf für mich hinhält, dafür aber mit der Gewissheit, dass die Studenten bei der Stange bleiben und sich anstrengen werden, schon der Noten wegen. Die ersten Jahre hat das funktioniert. Die Dozenten haben ihre Konzepte aus der Diplom- und Magisterzeit genommen, und die Bachelorstudenten saßen oft genug zwischen irgendwelchen Alten, die noch hinterherhinkten und auch auf den Partys ansagten, wie so ein Studium auszusehen hat. Ich habe jeden Sommer ein Absolventenfest gemacht, mit Bier und Grillen für die, die von mir geprüft worden waren. Aus vielen Seminaren sind Bücher geworden, mit Texten von Studenten, die auch deshalb noch Jahre später regelmäßig zum Feiern kamen.

Wann genau die Verhältnisse kippten, ist im Rückblick schwer zu sagen. Man kennt das von Zeitzeugen, die zwar genau wissen, was früher anders war, aber den Wechsel nicht bemerkt oder gar festgehalten haben. Der Ex-Minister, der mich einmal sogar auslachte und auf einem Podium Bachelor-Professor nannte, weil ich nicht glauben wollte, dass nun alles anders wird, dieser Mann der alten Schule hat in jedem Punkt Recht behalten. Ich könnte mir zwar immer noch vornehmen, Vorlesungen und Seminare wie einst in Leipzig anzugehen, die Studenten aber würden das nicht mehr zulassen. Nicht auszudenken, ich würde über das Heizen sprechen oder gar über die Sauberkeit im Raum. Die jungen Leute wären bei drei auf Instagram.

Das Übel beginnt mit Leistungspunkten und Prüfungen, fast immer benotet, von Anfang an, in jeder Veranstaltung. Studieren, um die Welt kennenzulernen, überall ein wenig zu schnuppern und dann nach sieben oder acht Semestern die ersten Scheine zu machen, um sich langsam auf den Weg in den Job zu begeben: Das ist eine Reminiszenz an ein Land vor unserer Zeit. Die Universität von heute teilt jedem Inhalt ein Budget zu und damit einen Platz in der Hierarchie der Gegenstände. Meine Vorlesung zur Mediengeschichte etwa bekommt in der Bologna-Arithmetik drei ECTS-Punkte und damit neunzig Arbeitsstunden. Dreißig davon hört mir der Student, so geht diese Rechnung weiter, live zu. Wie viel bleibt dann noch für das, was das Wort studieren verspricht, wenn man die Prüfung abzieht und außerdem weiß, dass im Durchschnitt deutlich weniger Stunden investiert werden, als das Curriculum vorsieht?

Lebenszeit: Das ist die wichtigste Währung der jungen Generation. Bloß kein Semester vertrödeln, denn die Konkurrenz schläft angeblich nicht, in Asien zum Beispiel, obwohl die meisten Arbeitsmärkte auch bei Top-Positionen zunächst vor allem national ticken. Jede Minute nutzen, um das aufzupolieren, was einen abheben kann von all den anderen, die viel mehr sind als bei Eltern und Großeltern, weil sich inzwischen jeder Zweite an einer Hochschule versucht. 1960 lag diese Quote im Westen bei sechs (!) Prozent und noch Mitte der 1980er bei nicht einmal zwanzig. Das ist wie beim Fußball: Wenn jemand mitspielt, der den Ball nicht stoppen kann, sinkt das Niveau und das Gekreisch wird lauter. Einmal hat bei uns eine 16-Jährige angefangen, eine Überfliegerin, die zwei Klassen übersprungen und schon drei Romane veröffentlicht hatte und nun in jeder Vorlesung zeigen wollte, wie schlau sie ist. Dieses Mädchen wurde gemobbt. Zwei Jahre Vorsprung. Vielleicht schon mit 19 im Job und nicht erst mit 21. Das war bedrohlich, obwohl ich allen Erstsemestern sage, dass sie sich schon deshalb Zeit lassen können, weil mit dem Alter das Gehaltsangebot steigt. Die Treiber von Bologna wussten, warum sie ein Blitzstudium wollten. Und sie wussten auch, dass Wettbewerb die Preise senkt und den Zusammenhalt schwächt, und puschen deshalb Frauen in die Spitzenjobs, neuerdings sogar mit dem Argument, dass jedes Kind, das nicht geboren wird, den Planeten retten kann.

Der Notenzwang tötet das akademische Gespräch. Da jeder Schritt auf das Zeugnis einzahlt, zielt die erste Frage an den Professor stets auf die Regularien.

Genauer: Eigentlich zielt jede Frage auf die Regularien. Was muss ich bis wann abgeben? Dürfen es auch zweitausend Zeichen mehr sein? Warum haben Sie mir eine 1,7 gegeben und meinem Kumpel eine 1,3?

Besagte Vorlesung zur Mediengeschichte widme ich seit einigen Jahren dem Erbe der DDR und bitte die Teilnehmer zu Beginn, ihre Beziehung zu diesem Land zu skizzieren. Maximal zwei Seiten. Eigentlich eine spannende Aufgabe, bei der beide Seiten voneinander lernen, ganz im Geist der alten Universität. Den Kindern von Bologna ist das weitgehend egal. Sie wollen vor allem wissen, wie ich diese Leistung am Ende des Semesters gewichte. Eine Reflexion ihres Lebens wohlgemerkt, die sich jeder Bewertung entzieht.

Die Irritation beginnt schon mit der Form: etwas schreiben, das sich nicht in ein Raster pressen und mit dem Computer auswerten lässt. Menschliches Ermessen, hier und dort. An meinem Institut enden die allermeisten BA-Vorlesungen mit einer Multiple-Choice-Klausur. Da bleibt kein Raum für Streit oder gar Protest. Der »Lehrer« weiß, wo das Kreuz zu setzen ist, und belohnt die, die alles »richtig« machen. Wo früher um den Weg zur Erkenntnis gerungen wurde und wissenschaftliche Wahrheit ein Synonym für den aktuellen Stand des Irrtums war, wird den jungen Menschen heute Alternativlosigkeit beigebracht – Dinge auswendig lernen, nachbeten und dabei die Termine einhalten. Eigenständiges Denken? Kreativität? Einwürfe, die den Professor herausfordern und auf neue Ideen bringen? Das alles gibt es noch, keine Frage. In jedem System scheren einige aus. Mit diesen Wenigen aber lässt sich keine Gemeinschaft bauen, die Jung und Alt bei der Suche nach Neuem verbindet und so nachwirken kann.

Das gilt auch deshalb, weil die Hochschulpolitik die Beziehung zwischen den Generationen gekappt hat. Mit den Studiengebühren entstand an meinem Institut 2007 ein Apparat aus Studiengangskoordinatoren, der zum Gatekeeper für Seminare und Abschlussarbeiten geworden ist. Am Anfang war das schön. Vorbei das Chaos, vor allem in den ersten Semesterwochen, wo ich manchmal achtzig Anmeldungen hatte und nur dreißig Sitzplätze. Jetzt konnte man den Leuten einen Namen nennen und damit Hilfe anbieten. Der Apparat ist geblieben, als die Gebühren wieder verschwanden, und hat sich verselbständigt. Heute bekomme ich eine Teilnehmerliste. Teilweise wird gelost, teilweise nach Gutdünken verteilt. Die Studenten müssen nehmen, was sie bekommen. Und umgekehrt kann ich mir nicht mehr aussuchen, wer bei mir studiert. Das gilt selbst dann, wenn beide Seiten das ausdrücklich wünschen. Meine Frau, etliche Jahre Lehrbeauftragte bei uns am Institut, hat das Handtuch geworfen, als Bewerber für ihre Kurse abgelehnt wurden und sie dafür Leute aufnehmen sollte, die kein Wort Deutsch konnten – eine Minimalvoraussetzung, wenn man Texte für ein Firmenmagazin schreiben will.

Auch Doktoranden betreue ich nicht mehr allein. Vor jeder Promotion steht eine Betreuungsvereinbarung, zu unterschreiben von zwei Professoren. Für die Habilitation hat Bayern 2006 ein dreiköpfiges Fachmentorat eingeführt, das ganz ähnlich funktioniert und als Reaktion auf die Juniorprofessur zu verstehen war. Begründet wurde jede dieser Erfindungen mit dem Schutz des Nachwuchses. Schluss mit der Allmacht der Ordinarien. Unter dem Deckmantel der Demokratisierung wurde so klammheimlich das zerstört, was die Universität zu einem Hort von Widerstand, Innovation und Neuanfang machen könnte – das Band zwischen einem Professor und seinen Jüngern oder, etwas weniger romantisch formuliert, die Möglichkeit, Gleichgesinnte um sich zu scharen und eine Schule zu begründen, die erst das akademische Denken erobert und dann die Gesellschaft.

Das stimmt doch alles nicht, hat Michael Esfeld im Juni 2023 gesagt, als wir bei einem Workshop in München über Bologna diskutierten. Esfeld, Wissenschaftsphilosoph in Lausanne und Leopoldina-Mitglied, hatte sein Buch *Land ohne Mut* in der Tasche. Nomen est omen. Tut einfach das, was ihr für richtig haltet, liebe Leute. Also: Vergesst Leistungspunkte und Noten. Vergesst die Bürokratie. Wir können trotzdem weiter gute Seminare machen und kritische Wissenschaft. Esfeld, geboren in Westberlin, ist nur ein paar Wochen älter als ich und genauso lange Professor. Wahrscheinlich unterscheiden sich seine Philosophiestudenten in der Schweiz von den jungen Leuten, die in München nach einem schnellen Weg in Agenturen, Kommunikationsabteilungen oder Redaktionen suchen. Vielleicht übersieht der Optimist Esfeld deshalb den langen Atem einer Politik, für die die Universitäten nur ein Puzzlestein sind. In ein paar Semestern und einigen wenigen Stunden pro Woche lässt sich schwer kippen, was über Jahre eingepflanzt wurde und im Alltag permanent gegossen wird.

Die Bologna-Kinder kommen aus dem Pisa-Gymnasium und damit aus einem Schulsystem, das aus dem Lehrer einen Lernbegleiter gemacht hat, einen »Arrangeur von Bildungserlebnissen«, wie Matthias Burchardt das nennt, Bildungsphilosoph an der Universität zu Köln. Der Mensch ist zuerst Beziehung, sagt Burchardt 2023 in unserem *Apolut*-Gespräch, über das die Redaktion eine schöne Frage geschrieben hat. »Was ist mit der Jugend los?« Matthias Burchardt sucht die Antwort bei der OECD oder bei der Bertelsmann-Stiftung, demokratisch nicht legitimierten Akteuren, die der Bildungspolitik spätestens ab den 1990ern ihren Stempel aufgedrückt und Lernerfolge »messbar« gemacht haben, obwohl das, wie das Gespräch zeigt, überhaupt nicht geht. Was »weiß« jemand über ein Drama, der sagen kann, wo die Figuren waren, bevor der Vorhang aufgeht? Wohin führen Tests, die jeden Kenntnisüberschuss bestrafen und komplexe Wirklichkeiten auf eine Zahl reduzieren oder auf Ja versus Nein?

Die Kultusministerkonferenz hat 1997 in Konstanz beschlossen, auf den Zug der Quantifizierung aufzuspringen und künftig die Konstrukteure von Fragebogen darüber entscheiden zu lassen, wo die deutschen Schüler stehen und wie die Schule auszusehen hat, damit sie eines Tages genauso »gut« abschneiden wie die Kinder aus Singapur oder Finnland. Eine Art Ursünde, sagt Matthias Burchardt, weil Bildung mehr ist als die Vorbereitung auf eine Klausur. Bei ihm: Reifen in Auseinandersetzung mit der Welt. Sich bewähren an etwas, für etwas, vor jemandem. Wachsen können an Aufgaben und im Dialog mit Lehrern, die Persönlichkeiten sind. Urteilskraft statt Brauchbarkeit. Wissen – und nicht einfach nur wissen, wo etwas steht, weil das Abhängigkeiten produziert von denen, die es aufgeschrieben haben und jederzeit wieder ändern können.

Rankings gibt es auch an den Universitäten. Dazu komme ich in Kapitel 6. Hier sind Studenten mein Thema, die nicht nur durch die Pisa-Schule konditioniert sind, sondern auch durch eine Gesellschaft, die von der Logik der Digitalplattformen geprägt wird und von einer Kultur, die das »Ich« großschreibt. Beziehung war gestern. Man muss dafür nur das Schriftbild der Leitsprache Englisch ansehen. Wer es etwas tiefer mag und auf die langen Linien aus ist, schaut sicher auf den Machtblock, den Kees van der Pijl beschreibt, ein Politikwissenschaftler aus den Niederlanden. Geheimdienste, Leitmedien, IT-Konzerne. Was diese Dreieinigkeit im Silicon Valley geschaffen hat, reicht weit über die Universitäten hinaus. Man kann das bei Shoshana Zuboff nachlesen und auch bei mir, im Buch *Die Propaganda-Matrix* zum Beispiel oder in Aufsätzen zum Zensurregime, das jeder braucht, der die öffentliche Meinung von seiner Sicht der Dinge überzeugen will.

Das Medium ist die Botschaft, hat Marshall McLuhan gerufen, als das Fernsehen dabei war, die Welt zu erobern. Das ist hier mein Punkt. Wer die Kanäle gestaltet, über die wir uns austauschen, der bestimmt, wie wir miteinander umgehen und wie wir leben.

McLuhans Schüler Neil Postman hat diesen Gedanken vor vierzig Jahren in einen Buchtitel gegossen: *Wir amüsieren uns zu Tode*. Wenn es stimmt, dass die Glotze damals alles und jeden zu Unterhaltung werden ließ, Politik und Politiker, Schulen, Schüler und Lehrer, Küchen, Urlaub und Erziehung, wenn es stimmt, dass Gesellschaft ein Spiegel der jeweiligen Kommunikationslogik ist, dann haben Twitter, Instagram und Co. die Ichlinge der Gegenwart produziert, die Identitätspolitik und die Diktatur der Moral. Null und eins: Das ist der Code der Plattformen. Daumen hoch, Daumen runter. Die Welt dreht sich um mich. Und: Es passiert permanent etwas, auf das man reagieren muss.

Ich muss mich dazu nur in meinen Seminaren umsehen. Auf jedem Tisch ein Laptop. Wir brauchen das, Herr Professor. Wir müssen doch mitschreiben. Papier ist out. Auf den Bildschirmen tobt das Leben. Ich kann diesen Text auch deshalb mitten im Semester schreiben, weil meinen Studenten jede Neugier fehlt. Sie haben genau in den Slots Zeit, die im Stundenplan stehen, und auch das längst nicht jede Woche. Eine Exkursion? Ein Experte, der zwar spannend sein könnte, aber nur abends frei ist? Ein Tag im Grünen, mit Gastvorträgen vielleicht, auf jeden Fall aber mit der Möglichkeit, sich unserem Thema von einer ganz anderen Seite zu nähern? Schwierig bis unmöglich. Ich habe mit Engelszungen geworben, und mein Kalender war frei. Als wir fast einen Termin hatten, schob eine Studentin plötzlich ihren Vater in den Raum. Geburtstag. Und am Abend dann noch Sommerfest beim *Bayerischen Rundfunk*, wo sie Werkstudentin ist. Vorhin schrieb mir diese junge Frau, dass sie morgen eine Stunde früher gehen müsse. Die Arbeit, Sie wissen schon, Herr Meyen.

Ich stehe damit nicht allein. Martin Wagener, Politikwissenschaftler, wäre schon vor zehn Jahren bei der Verlängerung seiner Juniorprofessur in Trier fast gescheitert, als Studenten behaupteten, er verbreite »Angst« – weil er auf Pünktlichkeit bestand und darauf, dass die Texte gelesen werden.

Über die Generation Z ist viel geschrieben worden, meist positiv, weil die Alten entweder ihrer eigenen Jugend nachtrauern oder ein schlechtes Gewissen haben und deshalb glauben, *Fridays for Future* loben zu müssen. Ich will hier kein neues Fass aufmachen, sondern nur darauf verweisen, dass Sozialwissenschaftler seit Karl Mannheim diskutieren, welchen Einfluss die Jugendjahre auf Mentalität und Weltsicht haben. Konkreter: Was unterscheidet Geburtsjahrgänge, die in starker Konkurrenz aufwachsen und früh erfahren, dass man zwar zum Mond fliegen kann, das Wachstum aber Grenzen hat, von Menschen, die von klein auf gepäppelt werden und immer wieder hören, dass sie etwas ganz Besonderes sind?

Noch konkreter: Was passiert, wenn ein Babyboomer heute als Professor vor Studenten tritt?

Rhetorik, natürlich. Schon die Generation Y, geboren ab etwa 1980, hat Bestnoten erwartet und eine Extrabehandlung. Aus der Frage *Why?* ist in der Literatur ein Buchstabe geworden. Die nächste Generation, geboren ab 1995, ist noch anspruchsvoller. Diese jungen Leute wissen, dass die Babyboomer bald abtreten und viel mehr Positionen freiwerden, als sie jemals füllen können. Sie glauben, großartig zu sein, weil ihre Eltern ihnen das jeden Tag gesagt und immer wieder getestet haben. Krisen? Sicher, ja. Aber irgendwer wird mich schon beschützen.

Ein Freund erzählte mir von einem jungen Mann, der auf dem Weg zum Büro merkte, dass die Busfahrer gerade streiken. Ich muss nicht darüber spekulieren, was jemand tut, der gelernt hat, dass alles von ihm selbst abhängt und dass Pünktlichkeit eine Tugend ist. Dieser junge Mann hat seinen Chef angerufen und gefragt, wie es nun weitergehen soll. Kommentar meines Freundes:

Keiner ist mehr bereit, mit den anderen durch den Matsch zu gehen.

Einige Forscher sprechen von der Generation Greta und nicht von der Generation Z. Das lenkt den Blick auf einen Diskurs, der es den Jungen erlaubt, die Erfahrungen der Älteren in den Skat zu drücken und sich selbst zum Maß aller Dinge zu erklären. »Zukunftsvernichter« heißen Menschen über 45 in einem Roman von Thomas Eisinger, der die Schleife nur ein kleines Stück weiterdrehen muss, um freizulegen, wie die CO_2-Debatte das Verhältnis zwischen den Generationen zerstört. Junge Leute steigen heute schnell in Spitzenpositionen auf, weil sie die Moral auf ihrer Seite haben und auf den Plattformen zu Hause sind, die die Vorgängergenerationen sich erst mühsam erschließen mussten und auch deshalb mit Skepsis, Argwohn oder gar Angst beobachten.

Warum werden die Abiturnoten besser und warum habe ich es an der Uni schwer, eine Zwei zu geben oder gar eine Drei, obwohl die Studierfähigkeit nachgewiesenermaßen sinkt und obwohl der Bewertungsschnitt eigentlich schlechter werden müsste, da inzwischen jeder zweite Jugendliche eine Hochschule besucht? Was bedeutet das für das Niveau der Absolventen und was für eine Gesellschaft, die schon heute mehr und mehr von Menschen dominiert wird, die sich überschätzen, kein Ohr für Kritik haben und gewöhnt sind, Misserfolge anderen in die Schuhe zu schieben?

Jetzt müsste eigentlich ein Absatz zur Identitätspolitik folgen. Geschlecht, Herkunft, Hautfarbe, sexuelle

Orientierung. Eine Nebelkerze, gezündet in den 1960ern und 1970ern auch im Auftrag der US-Geheimdienste, gesteuert von der Angst vor einer revolutionären Linken, die die soziale Frage auf die Tagesordnung setzt und den Kapitalismus damit dort angreift, wo er am schwächsten ist. Dass sich Studenten beschweren, weil ich weder Sterne noch Doppelpunkte über meine Folien streue und hin und wieder Sachen sage, die Gefühle verletzen könnten? Geschenkt. Darüber berichten andere in aller Ausführlichkeit.

Exklusiv habe ich einen Fragebogen der Fachschaft an meinem Institut, Anfang April 2023 verschickt an alle, die bei uns eingeschrieben sind. Überschrift: »Stimmungsbild zur Kontroverse um Prof. Dr. Michael Meyen«. Diese Methode hat im Haus Tradition. Wenn der Studentenvertreter in der Leitung sagen soll, wie er dieses findet oder jenes, konzipiert er eine Onlinebefragung. Dagegen wäre an sich nicht viel zu sagen, abgesehen vielleicht von der Frage, wozu es dann noch einen Vertreter braucht. Mir kommt es hier auf das Framing an, das allem widerspricht, was wir in Lehrveranstaltungen zu den Methoden der empirischen Sozialforschung predigen. Ich zitiere deshalb den Vorspann komplett:

»Bereits in der Vergangenheit lösten politische Äußerungen sowie publizistische Tätigkeiten von Prof. Dr. Michael Meyen Kontroversen innerhalb und außerhalb des IfKW (*Abkürzung des Institutsnamens – M.M.*) aus. Die von Prof. Dr. Michael Meyen kürzlich übernommene Herausgeberschaft der Publikation *Demokratischer Widerstand* hat nun erneut für Kritik gesorgt und die Universitätsleitung veranlasst, das Landesamt für Verfassungsschutz mit einer Prüfung der Sache zu beauftragen. Als Fachschaft möchten wir Eure Meinungen und Fragen zu diesem Thema erfahren. Füllt dafür bitte den folgenden Fragebogen aus. Solltet Ihr nicht mit den Hintergründen zu den Geschehnissen vertraut sein, so informiert Euch bitte auf den offiziellen Seiten der Universität sowie in der Berichterstattung zahlreicher deutscher Medien, bevor Ihr die Umfrage ausfüllt.«

Übersetzt: Wir müssen nicht selbst denken. Wir müssen auch nicht mit dem Delinquenten sprechen oder schauen, wie er selbst die Sache sieht. Die Moral steht in der Zeitung.

Es folgen vier Fragen, über die ich den Mantel des Schweigens breite. Handwerklich schlecht, inhaltlich mindestens fragwürdig. Mir geht es hier um Frage fünf: »Prof. Dr. Michael Meyen sollte unabhängig von seinen publizistischen Tätigkeiten und politischen Meinungsäußerungen weiterhin am IfKW lehren dürfen.«

Antwortspektrum von »Stimme überhaupt nicht zu« bis »Stimme voll und ganz zu«. Man muss das nur zu Ende denken. Wir Studenten entscheiden, wer bei uns Professor sein darf. Wir wollen nichts mehr hören, was von dem abweicht, was wir für richtig halten. Dabei gilt das Wort der Mehrheit.

Von Wissenschaft haben diese jungen Leute nichts verstanden. Und sie werden ermuntert, gehätschelt, gedeckt von meinen Kollegen, die es besser wissen sollten.

5. Hebel 2

Politisierung der Forschung

An meinem Institut ist die Fachschaft ein kleines Häuflein. Als ich 2002 ankam, hatte sie genau ein Thema: Partys. Wenn ich es richtig verstanden habe, war das sogar eine Einnahmequelle. Kommunikationswissenschaft ist ein Frauenfach. Anteil: um die achtzig Prozent, was am NC liegen mag, der ein gutes Abi belohnt, aber auch am Berufsfeld oder am Image eines Studiums, von dem es heißt, dass man ohne großen Aufwand zu einem Abschluss kommen kann. Für ein Absolventenheft habe ich einmal einen kompletten Jahrgang einen Fragebogen ausfüllen lassen und dort unter anderem wissen wollen, wo sich die jungen Leute in zehn Jahren sehen. In Variationen mit Abstand vorn: Teilzeitjob, Häuschen, Kinder – ein Befund, den Katja Rost und Margit Osterloh 2023 in ihrer Züricher »Studentinnen-Studie« eindrucksvoll untermauert haben. Pointiert: Reicher Mann sticht Karriere. Das lockte BWLer und Juristen zu den Partys und spülte Geld in die Kassen der Fachschaft.

Heute ist dort ein Student an der Spitze, der der Institutsleitung Anfang März 2022 in flüssigem Englisch nahelegen konnte, das Austauschabkommen mit der Lomonossow-Universität in Moskau auszusetzen, das ich vor ein paar Jahren auf den Weg gebracht hatte.

Die Landesregierung habe das allen bayerischen Hochschulen schließlich gerade empfohlen.

Ein paar Tage vorher hatte sich der gleiche Student ausführlich von *Zeit Campus* zitieren lassen und dort das Bild eines Professors gezeichnet, der Corona relativiert, den öffentlich-rechtlichen Rundfunk mit den DDR-Medien vergleicht, »ein Video von Ken Jebsen« empfiehlt und »offensichtlich nicht kritikfähig« ist. Ich habe ihn per Mail gefragt, warum er sich an einem Rufmord beteiligt, dafür die Wirklichkeit verzerrt und außerdem ein langes Gespräch verschweigt, bei dem wir uns darauf geeinigt hatten, erst miteinander zu reden, bevor wir etwas »melden« oder gar zu Journalisten gehen. Seine Antwort: Ich sehe mich da in der Verantwortung. Ich muss das tun.

In diesem Kapitel geht es um die Forschung und nicht um Studenten. Es geht folglich auch nicht um diesen einen jungen Mann, der bei der Anti-Meyen-Kampagne im Frühjahr 2023 ebenfalls überall da als Kronzeuge auftauchte, wo eine Stimme aus dem Hörsaal benötigt wurde. Der Wandel der Fachschaft von einer Gute-Laune-Maschine zum Handlanger von Interessen ist nicht alleine mit dem Personal zu erklären, auch wenn besagter Student mit seinen Jobs und Aktivitäten alle entsprechenden Klischees bedient: Münchner Sicherheitskonferenz, Bundespresseamt, Agora Strategy Group, Hanns-Seidel-Stiftung, Siemens, German American Conference in Harvard. Im Februar 2022 hat er auf *LinkedIn* ein Foto gepostet, das ihn in angeregter Zweisamkeit mit Marie-Agnes Strack-Zimmermann zeigt. Auf dem nächsten Bild steigt er lächelnd vom Podium eines CSU-Parteitages, gefilmt von einem Fan. Die »Supermacht«, von der Sheldon Wolin spricht, wenn er den »umgekehrten Totalitarismus« analysiert, zieht hier einen ihrer Protagonisten heran, in Deutschland mit einem Anker im transatlantischen Bündnis. Diese »Supermacht« hat die akademische Lehre und die Atmosphäre an den Universitäten über den Hebel Forschung im letzten Vierteljahrhundert so verändert, dass die Moralhüter auch in den Fachschaften die Partymacher ablösen konnten.

Bis in die 1980er Jahre, das kann man unter anderem bei Christian Kreiß nachlesen, war der westdeutsche Staat mit Abstand der wichtigste Sponsor. Dieser Staat wusste, so lässt sich das im Rückblick deuten, dass er nicht nur ein schlechter Forscher ist, sondern auch ein schlechter Dozent. Also ließ er die Professoren machen. Artikel 5 Grundgesetz. Wissenschaft, Forschung und Lehre sind frei. Heute liegt die Drittmittelquote bei knapp 50 Prozent. Das heißt: Jeder zweite Euro, den staatliche Hochschulen für die Forschung ausgeben, wird von außen in das System gepumpt. Der Durchschnitt pro Uni-Professur lag 2020 bei 287.000 Euro.

Damit man das einordnen kann: Meine Stelle kostet den Steuerzahler etwa 100.000 Euro im Jahr. Dazu kommt ungefähr noch einmal die gleiche Summe für Mitarbeiter und Sekretariat, bei einigen Kollegen und vor allem in Fächern mit größerer Reputation auch etwas oder sogar deutlich mehr. Unabhängig von den konkreten Zahlen dürfte klar sein, dass niemand Geld verschenkt. Wer universitäre Forschung bezahlt, will dafür eine Gegenleistung.

Die Drittmittelkönige muss man in den industrienahen Fächern suchen. In der Rangliste von 2020 lag die RWTH Aachen vorn, mit einer knappen Million pro Professur. Nach Fächern gruppiert: Ingenieurwissenschaften (631.300 Euro), Medizin (605.700), Mathematik und Naturwissenschaften (356.300). Mich interessieren hier eher die Geistes- und Sozialwissenschaften – die Disziplinen, die weder Maschinen bauen noch Patente anmelden, dafür aber die Sprache und die Denkmuster formen, mit der eine Gesellschaft ihre Wirklichkeit beschreiben und begreifen kann. Diese Macht lockt zwar mehr und mehr auch Konzernstiftungen an, Volkswagen etwa, Bertelsmann, Mercator, Hertie oder Thyssen, den größten Sprung aber gab es bei der öffentlichen Hand.

Die Zahlen für 2018 findet man wieder bei Christian Kreiß. Bund, EU und Länder standen in diesem Jahr für gut 37 Prozent der Drittmittel – doppelt so viel wie aus der Wirtschaft. In Österreich kamen 2021 knapp zwei Drittel der Uni-Forschungsgelder aus irgendeinem Steuertopf. In Deutschland hat allein der Bund seine Ausgaben für »Forschung und Entwicklung« von 2005 bis 2020 auf mehr als 20 Milliarden Euro verdoppelt. Im *Bundesbericht Forschung und Innovation 2022* wurde das Ziel, hier bis 2025 noch einmal deutlich draufzupacken, unter anderem mit dem Teilrückzug der Unternehmen nach den Lockdowns begründet, mit der Zukunftsfähigkeit des Standorts und mit den »Herausforderungen des Klimawandels«.

Ich verlasse das Zahlen- und Floskelmeer gleich, will aber vorher noch darauf hinweisen, dass die eine Hälfte der Bundesmittel im Moment in »institutionelle Förderung« fließt (langfristige Ausgaben, 2020: 9,1 Milliarden) und die andere Hälfte in Projekte (2020: zehn Milliarden). Der Rest geht an die beiden Bundeswehruniversitäten, die Verwaltungshochschule und wissenschaftliche Organisationen.

Damit das nicht untergeht: Der Steuerzahler finanziert die Universitäten ohnehin. Ich bin bayerischer Beamter, und meine Mitarbeiter werden nach dem Tarifvertrag der Länder für den öffentlichen Dienst bezahlt. Statt das einfach aufzustocken, was im Behördendeutsch »Grundfinanzierung« heißt, und so zum Beispiel mir und meinen Leuten wie einst unseren Vorgängern zu erlauben, das zu untersuchen, was wir selbst für relevant halten, gibt der Bund heute die Themen vor und meist auch den theoretischen Rahmen, die methodische Umsetzung und damit eigentlich auch die Ergebnisse.

Peter J. Brenner, Jahrgang 1953, lange Professor für Literaturgeschichte in Köln und später an der TU München, hat im Sommer 2022 für die Zeitschrift *Tumult* ein Dossier erstellt, das den »Weg zur Regierungswissenschaft« nachzeichnet und dabei eine ganze Reihe von »Instituten für Demokratie- und Rechtsextremismusforschung« aufzählt, die der »Regierungsmacht« auf Steuerzahlerkosten im Kampf um »Diskurshegemonie« zur Seite stehen. Ganz oben auf Brenners Liste: das »Forschungsinstitut gesellschaftlicher Zusammenhalt«, 2020 gestartet mit etwa 200 Personen an elf Standorten und 2022 noch einmal erweitert um 23 Projekte, die sich im Auftrag des Bundesinnenministeriums bis Ende 2024 um »Rassismus in Behörden« kümmern sollen. Peter J. Brenner deutet diese Formel genau wie die »wissenschaftsaffinen« Begriffe Demokratie, Migration oder Integration als Teil eines Programms, das die »politische Agenda« verschleiern soll – den »Kampf gegen rechts«, den Olaf Scholz in seiner ersten Regierungserklärung vom 15. Dezember 2021 gewissermaßen zur Chefsache erklärt hat. Man müsse sich klarmachen, sagt Peter J. Brenner, dass »gesellschaftlicher Zusammenhalt« hergestellt werden soll, indem man die ausschließe, »die nicht dazugehören«. Das geht leichter, wenn das Wahrheitsregime seinen Segen gibt.

Für die Universitäten hat die Geldschwemme Folgen, die über die Umdeutung von Begriffen und die Priorisierung von gesellschaftlichen Problemen hinausgehen. Als ich 2002 an die LMU berufen wurde, gab es am Institut exakt eine Drittmittelstelle, bezahlt von der Deutschen Forschungsgemeinschaft (DFG), die damals genau wie heute etwa ein Drittel der Forschungsgelder liefert – aus Steuermitteln zwar, aber von der Wissenschaft allein verwaltet. Ein Professor und sein Postdoc hatten sich ein Thema überlegt und dafür das Okay von Kollegen bekommen, die in diesem Feld selbst etwas vorzuweisen hatten. Dagegen hätte vermutlich auch Peter J. Brenner nichts einzuwenden.

Zwanzig Jahre später kann ich den Wildwuchs an Projekten kaum noch überblicken, die sich um Hatespeech, Fake News und überhaupt alles kümmern, was aus den Tiefen des Internets die Demokratie bedrohen soll. Drei Kostproben aus dem Portfolio einer Kollegin, die in einem vierten Projekt »Lernmaterialien« entwickelt, die »die EU-Verordnung zu terroristischen Online-Inhalten« bei Tech-Unternehmen, Hosts und sonstigen IT-Profis implantieren sollen: Wie kann künstliche Intelligenz den Ermittlungsbehörden helfen, die »enorme Menge« an »polizeilich und nachrichtendienstlich relevanten Inhalten« zu filtern? Wie lassen sich »Radikalisierungsprozesse« und »extremistisches Verhalten in der digitalen Umwelt« messen und analysieren? Was kann man tun, »um Jugendliche gegen Online-Ansprachen für extremistische, radikale Inhalte zu wappnen«?

Das mag ein Ausreißer sein. Eine andere Kollegin ist an COVIMO beteiligt. Das Akronym steht für das »COVID-19 Impfquoten-Monitoring in Deutschland«, gefördert vom Bundesministerium für Gesundheit und vom Robert Koch-Institut. Die Medienforschung soll hier schauen, was in der Berichterstattung getan wurde, um Impfung und Impfpflicht voranzutreiben. Im Auftrag der Bundeszentrale für gesundheitliche Aufklärung hat die gleiche Kollegin eine »Kommunikationsstrategie« entwickelt, um junge Leute für die Coronapolitik zu begeistern. »Evidenzbasiert«, schreibt sie auf ihrer Webseite.

Wir wissen zwar, was rauskommen soll (»Pandemiemüdigkeit« überwinden), nennen das aber weiter Wissenschaft.

In anderen Projekten am Institut geht es um digitales Lernen in der Schule, um das Vertrauen in die Wissenschaft und folglich um Wissenschaftskommunikation, um Memes als Träger des Klimanarrativs oder um Mobilisierung im Internet. Die Wege des Geldes sind manchmal unergründlich, führen aber immer zur Politik oder zu den Konzernstiftungen und wirken wie ein Magnet, der auch die sonstige Forschung ausrichtet.

Damit meine ich gar nicht nur Inhalte, Wording und Sprachregeln wie das Gendern. Auch ohne Einblicke in das Innenleben von Universitäten dürfte klar sein, dass sich Heerscharen von Wissenschaftlern auf die Fragen, Theorien und Methoden stürzen, denen die »Koalition« aus Großunternehmen und Staat (Sheldon Wolin) via EU-Kommission, BMBF (Bundesministerium für Bildung und Forschung), Landesministerien, Behörden, Parteien oder Stiftungen ihre Töpfe widmet. Ein paar kommen zum Zug, und viele andere machen auch ohne Förderung weiter, damit die Investition nicht ganz umsonst war.

An der Ausschreibung zum Megaprojekt »gesellschaftlicher Zusammenhalt« zum Beispiel hat sich 2018 auch das Institut beteiligt, an dem ich arbeite – mit großen Hoffnungen, weil die Medienforschung garantiert dabei sein würde und wir in diesem Bereich die Nummer eins in Deutschland sind, und unter Aufbietung aller Kräfte bis zum letzten weiblichen Postdoc, weil zwei Handvoll Professoren allein nicht gereicht hätten, um genug Teilprojekte zusammenzubekommen. Es gab dann lange Gesichter, als der Zuschlag nach Hamburg ging an das Hans-Bredow-Institut, aber jede Menge Konzepte für Studien, die in München darauf warteten, »ins Feld zu gehen«, wie das in der empirischen Sozialforschung so schön heißt.

Wer Geld gewinnt, braucht Erfolgsnachweise – Publikationen in prestigeträchtigen Fachzeitschriften und Berichterstattung in den Leitmedien. Über diese Kanäle schwappen die Konzepte der Sponsoren in Seminare, Lehrbücher und Köpfe und prägen irgendwann auch die Gutachter, die zum Beispiel über einen DFG-Antrag entscheiden. Die drei Forschungsverbünde, die ich ab 2013 als Sprecher geleitet habe, wurden von Bayern und vom BMBF jeweils für vier Jahre gefördert. Vorher waren drei Jahre üblich. Grund für die Verlängerung: »Wissenstransfer«. Auf gut Deutsch: Präsenz in der Öffentlichkeit.

Die beiden bayerischen Verbünde haben sich deshalb eine Koordinatorin geleistet, die nur dafür zuständig war, ein eigenes Budget hatte und die einzelnen Projekte immer wieder daran erinnern durfte, wie wichtig es ist, zu twittern, zu bloggen und mit Journalisten zu sprechen. Auch in Sonderforschungsbereiche der DFG, in der Wissenschaftsförderung der Mount Everest, weil hier ausschließlich Forscher über die Anträge entscheiden und bis zu zwölf Jahre Zeit sind, kann man inzwischen ein »Teilprojekt Öffentlichkeitsarbeit« einbauen.

Wenn Resonanz in den Leitmedien zu einem Kriterium für wissenschaftliche Qualität wird, dann hat das ganz unabhängig von politischen Geldtöpfen Folgen für die Personalauswahl, für die Forschungsthemen und selbst für die akademische Lehre. Ich hatte gerade angefangen, dieses Buch zu schreiben, als die *Süddeutsche Zeitung* einen Kollegen von der Juristischen Fakultät der LMU unter Beschuss nahm. Sein Vergehen: ein Seminar mit dem Titel »Liebschaften am Arbeitsplatz«, geplant für das Wintersemester und angekündigt mit der Frage, was das Arbeitsrecht dazu sage, wenn »frau sich hochschlafen« wolle. Für die Redaktion mehr als ein Fauxpas, zumal sich der Professor ausdrücklich auf den »Fall Reichelt« bezog (2017 bis 2021 Chefredakteur der *Bildzeitung*) und hier von einer »Skandalisierungs-Wahrnehmung« sprach.

Mag sein, dass das ein Sturm im Wasserglas bleibt. Ich selbst habe nach einer viel kleineren Attacke des gleichen Blattes im Mai 2020 nicht nur das Sprecheramt im Forschungsverbund *Zukunft der Demokratie* abgeben dürfen, sondern aus dem Ministerium auch das Signal bekommen, mich künftig nicht mehr um Gelder bewerben zu müssen. Positive Berichte, so viel war klar, würde es mit mir nicht mehr geben.

Noch einmal anders gewendet: Wer die Leitmedien beherrscht, kann den Universitäten diktieren, woran sie zu arbeiten haben. Niemand konsumiert *Tagesschau* oder *Spiegel*, *Zeit*, *FAZ*, *Süddeutsche*, um zu erfahren, wie die reale Welt da draußen aussieht. Das sieht jeder, wenn er vor die Tür geht. Leitmedien nutzen wir, um Definitionsmachtverhältnisse zu beobachten – ein Konzept von Ulrich Beck, Soziologe an der LMU und weltberühmt, das sich in medialisierten Gesellschaften wunderbar eignet, um Herrschaft zu dechiffrieren. Macht hat heute, so Beck im letzten Buch vor seinem Tod, wer es schafft, Wirklichkeit zu definieren. Das entsprechende Werkzeug sind die Leitmedien. Nur hier können (und müssen) wir unterstellen, dass alle anderen die gleiche Botschaft wahrgenommen haben und vor allem die Moral, die wir mit dieser Botschaft verbinden müssen, wenn wir nicht ausgeschlossen werden wollen.

Hochschlafen am Arbeitsplatz, ausgerechnet in einem Moment, in dem Till Lindemann am Pranger steht, der Rammstein-Sänger? Ein No-Go. Die Leitmedien sagen dem akademischen Nachwuchs, womit er sich beschäftigen muss und mit welchem Dreh das zu passieren hat, wenn er Erfolg haben will bei denen, die über seine Karriere entscheiden, garantiert zum Publikum der großen Zeitungen gehören und deshalb ebenfalls »wissen«, was gerade angesagt ist. Eigentlich ist mir in der DDR ausgetrieben worden, jede Analyse mit einem Klassikerzitat abzusichern, aber an dieser Stelle drängt es sich geradezu auf, einen der schwer lesbaren Sätze aus der *Dialektik der Aufklärung* von Horkheimer und Adorno einzufügen: »In der Tat ist es der Zirkel von Manipulation und rückwirkendem Bedürfnis, in dem die Einheit des Systems immer dichter zusammenschießt.«

Beim Aufschreiben ist mir klargeworden, dass all das auch auf den Forschungsverbund *Zukunft der Demokratie* zutrifft. Wenn man so will, haben mich das Ministerium und die Bayerische Akademie der Wissenschaften, die entsprechende Anträge durchwinken muss, auf die Spur gebracht. Ich war damals Sprecher des Verbundes *ForChange* und hatte dadurch Zugang zu den Kanälen, in denen das Nachfolgeprojekt geschmiedet werden würde. Mein erster Plan von 2016 hieß »Kommunikationsrevolution und Gesellschaft«, inspiriert unter anderem von Manuel Castells, noch ein Kollege aus der Soziologie, der das Internet als Trigger für eine ganz neue Form des Zusammenlebens beschrieben hatte. Die Stichworte hier: Transparenz, Partizipation und flache Hierarchien – das Gegenstück zum Digitalkonzernstaat, der auf Propaganda und Zensur baut. Die Reaktionen waren entsprechend. Das passe schon ganz gut zur bayerischen Digitalisierungsstrategie, ja, müsse aber doch mindestens die Ingenieure mitdenken und würde sich auch beißen mit anderen Projekten. Ich hörte heraus: Mach weiter mit dem, was Du zum »Wissenstransfer« aufgeschrieben hast und hier vor allem zur Einbindung von Führungskräften aller Art, aber such Dir ein anderes Thema.

Die »Demokratie« lag dann Ende 2016, Anfang 2017 in der Luft. Der Brexit und Donald Trump, Orbán, Kaczyński und Erdoğan, die AfD. Vor allem aber lag die Idee in der Luft, zusammen mit der »Zivilgesellschaft« zu forschen, wenn auch anders, als von mir gedacht. Ich war damals begeistert von transdisziplinärer Forschung. Den Elfenbeinturm verlassen und mit Menschen reden, die einen anderen Erfahrungsschatz haben, folglich auch andere Lösungen für akademische Probleme und vielleicht sogar neue Fragen. Dazu gehörte für mich ein Blog nach dem Prinzip einer offenen Werkstatt oder eines Schaufensters, wo jeder sieht, woran ich gerade arbeite, und mich korrigieren, inspirieren oder ermutigen kann.

Die Kollegen, die dann im Verbund zusammenkamen, hatten das in der Ausschreibung zwar gelesen, aber in aller Regel anders interpretiert. »Zivilgesellschaft« war für die meisten das, was der Staat in irgendeiner Form alimentiert. Dieser Kosmos ist kaum überschaubar. Tausende Akademiker, in oft kleinen, kurzlebigen, schlecht bezahlten Projekten, immer auf der Suche nach dem nächsten Fördertopf und deshalb dazu angehalten, sich auch öffentlich zur gerade herrschenden Moral zu bekennen. Ein Politikwissenschaftler kooperierte mit der Initiative »Kleiner Fünf«, die sich dafür einsetzt, die AfD aus den Parlamenten fernzuhalten – für einige offenkundig das Nonplusultra aller Utopien. Und ein Soziologe, der in »Demokratiecafés« Gleichgesinnte traf, war ganz perplex, als ich ihn fragte, ob er in solchen Wohlfühloasen tatsächlich etwas lernen könne.

Heute weiß ich: Auch und vielleicht sogar besonders in der Wissenschaft sind längst nicht alle darauf aus, »die vielen« da draußen tatsächlich mitreden und mitmachen zu lassen. Bloggen? Macht bloß Ärger. Sich mit Leuten treffen, die die Literatur nicht nachbeten können? Nicht doch. Höchstens eine Stunde. Dann wissen sie, dass sie nichts wissen.

In diesem Verbund bin ich mit einem Buchvorhaben gescheitert, das nach dem Vorbild von Pierre Bourdieu *Das Elend der Demokratie* erfassen sollte. Der Verbund war dafür perfekt. Wir hatten Projekte zum Geld und zum Arbeitsplatz, zu Osteuropa, zu Frauen auf dem

Land und zu Menschen, die ihre Wurzeln in der Türkei haben. Das volle Spektrum sozusagen. Einige Kollegen wollten dann ihren Namen nicht neben mir auf einem Buchdeckel sehen, und andere fürchteten, dass ich nicht in der Lage sein würde, »bestimmte Linien zu ziehen« (Zitat aus einer Mail). Im Klartext: Ich könnte Menschen sprechen lassen, die – ja was eigentlich?

Eine Angst geht um in der Wissenschaft, die sich schwer greifen, aber auf die Moralisierung aller Lebensbereiche zurückführen lässt. Diese Angst beschneidet eigentlich alles (Themenbreite, Fragen, Antworten) und greift schon nach der jüngsten Forschergeneration. Ich könnte von einer Bachelorstudentin erzählen, die zögerte, sich mit einem politisch »heiklen« Problem zu beschäftigen, um ihre Karriere nicht zu gefährden, oder von einer Aktivistin, die darum gebeten hat, längst gedruckte Zitate aus der Google-Vorschau zu entfernen, weil sie sich jetzt um ein Stipendium bewerben wollte.

Bei den fraglichen Stellen sah nicht etwa diese Frau schlecht aus, sondern der Staat (weil man sie grundlos ein halbes Jahr lang heimlich überwacht hatte), aber genau das war offenbar das Problem. Aus der »Angst des Forschers vor dem Feld« (was passiert, wenn ich mich auf Menschen und ihre Wirklichkeit einlasse) ist eine Angst vor sozialer Ächtung geworden, die eine reale Basis hat.

Als *Das Elend der Demokratie* beerdigt worden war, habe ich mit meinem Mitarbeiter *Das Elend der Medien* dokumentiert – vierzig Stimmen zum Zustand des Journalismus, die zeigen, dass die Gefahr nicht vom Internet ausgeht, sondern von Eliten, die das Teilhabeversprechen ignorieren oder konterkarieren, das mit den Plattformen verbunden ist.

Der Doyen im Feld hat dieses Buch in gleich zwei Rezensionen wortgewaltig in die Tonne getreten, unter anderem mit dem Argument, dass die Wissenschaft keine »Bühne bieten« dürfe für »ziemlich gewöhnungsbedürftige« Menschen, »wilde Tiraden« und »einen bekennenden Kiffer«, der durch seine Corona-Kritik »wohl unfreiwillig zum Darling der Rechten« geworden sei.

Solcherart Zurückweisung ist auch ein Signal an den Nachwuchs. Die steuergefüllten Fördertöpfe dienen implizit oder explizit der Kaderproduktion. Peter J. Brenner vergleicht das in seinem *Tumult*-Dossier mit den Burschenschaften, die in grauer Vorzeit »ihre Netzwerke und Seilschaften in den Universitäten etablierten«, und nennt unter anderem die Abteilung »Akademische Karriereentwicklung« im »Forschungsinstitut Gesellschaftlicher Zusammenhalt«, die den Beteiligten neben Methodenworkshops und Austauschprogrammen regelmäßig auch eine Sommerschule anbietet. In der BMBF-Ausschreibung zur DDR-Forschung von 2017 hieß es unmissverständlich, dass es auch um »eine stärkere strukturelle Verankerung« dieses Themas »in der deutschen Hochschul- und Forschungslandschaft« gehe. Noch deutlicher: Wir qualifizieren hier Menschen so, dass sie auf Professuren berufen werden und bis zur Pensionierung im Geist des Geldgebers wirken können.

Jenseits der thematischen Ausrichtung produziert die Politisierung der Forschung in den Geistes- und Sozialwissenschaften einen neuen Akademikertyp. Projekte haben in aller Regel kurze Laufzeiten und erlauben (oder verlangen) absolute Konzentration auf den Output. Gut ist, wer viel veröffentlicht. Dazu gleich mehr in Kapitel 6. Es gibt zwar immer noch Etatstellen, auf denen man sechs Jahre Zeit hat, um zu promovieren oder zu habilitieren, die Konkurrenz aber ist ungleich härter als früher. Auch die vielen Projektleute wollen irgendwann eine Professur oder wenigstens einen Vertrag für alle Ewigkeit. Da sie sich nicht um Studenten kümmern müssen, geben sie inhaltlich und auch sonst den Takt vor und folgen dabei ganz zwangsläufig dem Lockruf des politischen Geldes.

Theoretisch kann natürlich jeder Doktorand, der aus der Grundfinanzierung bezahlt wird und deshalb auch Seminare anbieten und seinem Chef hin und wieder helfen muss, weiter das untersuchen, wonach ihm gerade der Sinn steht, praktisch aber wird er dann bei der nächsten Bewerbung den Kürzeren ziehen.

Inzwischen gibt es reine Drittmittelkarrieren – Menschen, die immer größere Summen eingeworben haben und auf Lehrstühle berufen wurden, als die Anpassung vollendet war. Mein Lieblingsbeispiel habe ich aus nächster Nähe verfolgen dürfen.

Dieser junge Mann hatte das Pech, dass sein Mentor, ein Urgestein der Politikwissenschaft und in der Öffentlichkeit mit einer bestimmten Partei verbunden, gerade in Ruhestand ging, als die Dissertation verteidigt war. Solche Ziehkinder haben es selbst dann schwer, wenn sie brillant sind. Ich habe ihm Gutachten geschrieben, obwohl er gar nicht aus meinem Fach kam, und ihn dann auch bei der Habilitation begleitet. Seine Stationen: Fellowships an der Columbia University und in Helsinki, eine kleinere Summe von Thyssen, eine etwas größere von der EU, die ihn an die London School of Economics führte, und eine riesige von der DFG. Der Clou war dann ein Consolidator Grant aus Brüssel, ein Ritterschlag, reserviert eher für gestandene Professoren.

Ich habe den Antrag gelesen und wusste sofort: Das wird auch ohne Titel funktionieren. Das Internet und Russlands Einfluss in der Welt, erforscht von jemandem, der Russisch versteht und ankündigt, sich auf den Weg zum führenden Propagandaforscher in Europa zu machen. Leichter kann man es den Gremien kaum machen, das Geld zu bewilligen.

Mit diesem Topf endeten zugleich Jahre der Unsicherheit. Die Annahmequoten sind nicht überall gleich, aber immer bleibt der Zweifel, ob es funktioniert oder man sich arbeitslos melden muss. Die Verfahren ziehen sich, und gerade bei EU-Ausschreibungen ist die Bewerberschar unüberschaubar. Mit dem Consolidator Grant hatte mein Mann das große Los gezogen, weil dieser Preis ein Trumpf ist im Wettbewerb der Universitäten, um den es im nächsten Kapitel gehen wird. Die LMU bietet zum Beispiel eine W2-Professur, wenn man in Brüssel einen Starting Grant gewinnt (eine Nummer kleiner) und sich entscheidet, mit Geld und Leuten nach München zu kommen. Der Propagandaforscher hat heute einen Lehrstuhl und fünf Doktoranden an einer bayerischen Universität, ohne dass er dort ein

Berufungsverfahren durchlaufen musste. Um nicht falsch verstanden zu werden: Er hat dafür hart gearbeitet und Publikationen vorgelegt, die vieles von dem ausstechen, was sonst so in den Fachzeitschriften steht. Die Professur ist absolut verdient und wäre früher oder später auch so gekommen.

Mit einer Berufungspraxis aber, die sich an Geldern von außen orientiert, hat sich die Politik einen Weg in das Innerste der Universitäten gebahnt, der viel eleganter ist als einst der Radikalenerlass. Heute säubert man nicht mehr, sondern infiltriert.

Am Münchener Institut für Kommunikationswissenschaft und Medienforschung gibt es neben mir zehn andere Professoren. Zwei davon hat uns die »Supermacht« beschert. Nummer eins kam 2015 von den Konzernen, hier von der VW-Stiftung, die seinerzeit ein Programm mit dem schönen Titel »Freigeist« hatte. Einer der Gewinner wollte zwar zu uns, hatte aber einen unbefristeten Vertrag in England. Ich würde schon, sagte er, möchte dafür aber eine Professur. Die Stiftung bietet in solchen Fällen acht Jahre statt nur fünf, braucht aber eine Universität, die das mit sich machen lässt und das Gehalt am Ende der Laufzeit weiterzahlt.

Es gab ein Berufungsverfahren, bei dem der Sieger vorher feststand. Die Kommission hörte trotzdem zwei Frauen an, konnte aber keine von beiden berufen, obwohl einige der Mitglieder sie sogar besser fanden als den »Freigeist« aus London. VW hatte vorher entschieden: Wenn ihr das Geld für die Professur wollt, müsst ihr den Mann nehmen, der uns gefallen hat. Ich war damals nicht in der Kommission, weil ich die Prozedur absurd fand, und kann das deshalb nur aus zweiter Hand berichten. Ich glaube, dass der Professor inzwischen alle Zweifler überzeugt hat, aber auch hier ist das nicht der Punkt.

Nummer zwei haben wir Markus Söder zu verdanken, der die Universitäten in Bayern mit 100 KI-Lehrstühlen beglückte, zu besetzen von 2020 bis 2023, nach Proporz verteilt. Ein paar nach Würzburg und Bamberg, ein paar nach Ingolstadt und Erlangen und die meisten nach München. Einer dieser Lehrstühle wurde der Sozialwissenschaftlichen Fakultät der LMU zugesprochen, die sich darauf einigen sollte, ob der weltbeste Kandidat für diese Stelle eher in der Politikwissenschaft zu Hause ist oder doch in der Soziologie oder bei uns in der Kommunikationswissenschaft. Auch hier zehre ich vom Hörensagen, weiß aber, dass die Universitäten aus den Scheinverfahren der 2010er Jahre gelernt haben. Nach einem Kuhhandel mit den anderen beiden Fächern gab es eine Findungskommission, besetzt mit einigen wenigen Auserwählten, die, oh Wunder, einen Schüler des Dekans entdeckten, jung und vielversprechend, und die Ausschreibung so formulierten, dass Gutachter aus dem In- und Ausland die Berufung mit gutem Gewissen empfehlen konnten. Ein Vortrag war dafür nicht nötig.

Die Bestenauslese läuft heute wie vor einhundert Jahren wieder auf Zuruf – begünstigt von einer politischen Logik, die schnell Ergebnisse braucht und deshalb die akademische Selbstverwaltung aushebeln muss.

Natürlich: Weder Staat noch Konzerne können einen Wissenschaftler zwingen, das Gewünschte zu produzieren – schon gar nicht einen verbeamteten Professor. Das Grundgehalt ist ordentlich und die Ausstattung aus der Grundfinanzierung so, dass sich damit das allermeiste untersuchen lässt, was Geistes- und Sozialwissenschaftlern einfällt. Ich habe anderthalb Stellen für wissenschaftliche Mitarbeiter und jedes Jahr rund sechstausend Euro, die ich für Tagungs- und Forschungsreisen oder für studentische Hilfskräfte ausgeben kann. In anderen Disziplinen und an manchen Universitäten gibt es mehr, aber ich kann damit planen und muss nicht bei der »Supermacht« betteln gehen, um das Buch zu schreiben, das mir wichtig ist. Um die Forschung tatsächlich an den eigenen Wünschen ausrichten zu können, braucht man Menschen, die mitmachen wollen.

Die erste Bachelor-Generation besteigt gerade die Lehrstühle. Menschen, die handwerklich perfekt ausgebildet sind, die hegemoniale Ideologie verinnerlicht haben und als Werbeträger für ein System taugen, das akademische Bestätigung braucht, um weiter »Demokratie« sagen zu können.

Im Frühjahr 2022 durfte ich vier Frauen lauschen, die an der LMU »Digital Literacy« lehren wollten. Ich kenne seitdem den neuesten Schrei der Gendersprache (akustisch und schriftlich), hörte gleich mehrfach einen Euphemismus für die Internetzensur (»algorithmisch kuratierte Medienumgebungen«) und lernte außerdem, dass es »gute« und »schlechte« Partizipation gibt (die dann »dunkle Partizipation« genannt wird). Diese Generation bestimmt schon jetzt, was »gute Wissenschaft« ist. Sie füllt Fachzeitschriften, Tagungsprogramme und so schließlich auch Lehrbücher, Vorlesungen und Seminare – mit Themen, Perspektiven und Begriffen, die sie der politischen Agenda und den damit verlinkten Ausschreibungen entnommen hat und nicht hinterfragt, weil sie das nirgendwo lernen konnte. Im Gegenteil: Die neuen Kollegen schreiben sofort auf die Visitenkarte, wenn Gesundheits- und Sicherheitsbehörden, Medienaufseher oder gar Google nach ihnen fragen.

Die beiden Institutskollegen, über die ich gerade geschrieben habe, sind Kinder des Bologna-Systems. Und sie arbeiten in Strukturen, die es ihnen schwer machen, sich dem Zugriff von außen zu entziehen.

6. Hebel 3

Anreiz- und Abschreckungssysteme

Das Wort *Systeme* ist mir vermutlich in die Überschrift gerutscht, weil ich dieses Kapitel mit Niklas Luhmann beginnen will, einem Klassiker der Soziologie, der in den 1960er Jahren ganz ähnlich zu einer Professur gekommen ist wie die Günstlinge der »Supermacht« aus Staat und Konzernen, über die ich gerade berichtet habe. Damals war die Wissenschaft ein Spielfeld der Parteipolitik. Die Landesregierungen entschieden, wo eine neue Universität gebaut wird und wie sie aussehen musste, damit ein wenig Ruhm für ihre Wegbereiter abfiel. In NRW, wo die CDU seit 1958 eine absolute Mehrheit hatte, bekam der Soziologe Helmut Schelsky den Auftrag, in Ostwestfalen eine Reform-Uni zu gründen. Eine Neuauflage dieses Verfahrens gab es Mitte der 1990er Jahre zwei Nummern kleiner in Erfurt, mit Peter Glotz, einem Kommunikationswissenschaftler und, wichtiger, zugleich Urgestein der SPD.

Für einen Professor muss das ein Traum sein. Um eine akademische Idee zu etablieren, braucht man Dauerstellen an einer Universität. Keine Theorie kann überleben, wenn sie nicht in Vorlesungen, Lehrbüchern und Prüfungen auftaucht und wenn ihre Schöpfer keine

Schüler hinterlassen, die selbst wieder Lehrstühle erklimmen. Die Geschichte von Schelsky und Luhmann steht exemplarisch für ein Wissenschaftssystem, in dem das ohne Gremien funktionierte und damit ohne den Ruf nach Objektivität und Vergleichbarkeit. Luhmann, Jahrgang 1927, hatte sich nach einem Jurastudium auf eine Verwaltungslaufbahn begeben und war, so hat er das später erzählt, eigentlich ganz zufrieden mit seinem Leben, als ihn Helmut Schelsky mit dem Argument auf eine Bielefelder Professur lockte, dass er seine »Existenz normalisieren« müsse und »nicht als unpromovierter Regierungsrat in die Geschichte eingehen« könne. Schelsky sorgte dafür, dass Niklas Luhmann innerhalb eines Jahres (!) in Münster promoviert und habilitiert wurde, und »parkte« ihn bis zu seiner Berufung in der Sozialforschungsstelle Dortmund.

Niklas Luhmann ist ein Gelehrter aus einer anderen Zeit. Man kann das an einem Werk festmachen, zu dem über siebzig Bücher und knapp fünfhundert Aufsätze gehören, an der Unmenge an Sekundärliteratur oder an der *Tagesschau*-Meldung, die 1998 in wenigen Sätzen seinen Tod verkündete. Welcher Soziologe schafft es schon in die TV-Nachrichten?

Mir geht es hier vor allem um ein Wissenschaftsverständnis, das sich so sehr von den Universitäten der Gegenwart abhebt, dass es in Anekdoten bis zum heutigen Tag kolportiert wird. Ganz vorn steht dort ein Fragebogen zu seinen Plänen, auszufüllen Ende der 1960er bei der Berufung nach Bielefeld. Antwort Luhmann: »Projekt: Theorie der Gesellschaft. Laufzeit: 30 Jahre.

Kosten: keine«. *Die Gesellschaft der Gesellschaft* war 1997 fertig. Wenn man ergründen will, wie dieses Vermächtnis in Buchform entstehen konnte, muss man in die Erinnerungen der Kollegen hineinhören. Dieser Luhmann habe seine Pflichten in der Lehre »mit stoischer Miene« erfüllt und dabei fast ausschließlich Systemtheorie angeboten (»immer nur für Fortgeschrittene«). An der Fakultät war er »einsam und frei«, weil er sich für das Grundstudium nicht zuständig fühlte und »keinerlei Assistenten oder wissenschaftliche Mitarbeiter« hatte. Luhmann hat den ganzen Tag geschrieben – von morgens 8.30 Uhr bis »gegen 23.00 Uhr«, unterbrochen nur durch kurze Spaziergänge mit dem Hund und manchmal durch eine Viertelstunde »ganz konzentriertes« Ausruhen. Sein größter Wunsch: Der Tag möge dreißig Stunden haben, wenigstens für ihn. »Die anderen müssten dann immer schon schlafen, wenn ich noch alles Mögliche tue.«

»Unbegrenzt Zeit zu haben«, um an den Themen zu arbeiten, die mir wichtig sind: Dieses Privileg hat mich an die Universität gelockt. In Kapitel 4 habe ich berichtet, wie diese Illusion in den 1990ern genährt wurde von einem Mentor, der zwar kein Luhmann-Jünger war (eher das Gegenteil), aber aus einem Institut kam, das später ganz im Zeichen des Meisters aus Bielefeld stand, und Wissenschaft vor allem so lebte, als sei die Systemtheorie kein analytisches Konzept, sondern Spiegel der Wirklichkeit – frei von allen Verbeugungen vor Mammon, Ruhm und politischer Macht. Luhmanns Systembegriff stammt aus der Biologie, wo unter anderem untersucht wird, wie sich Organismen stabil halten. Nach diesem Modell beschrieb er auch soziale Systeme: als Einheiten, die auf Reize aus der Umwelt zwar reagieren, diese aber nach eigenen Regeln verarbeiten und so ihren einzigen Zweck erfüllen – sich selbst zu erhalten.

In unserem Leipziger Kolloquium sprach damals regelmäßig ein Kollege, der auf dem Weg zu einer Professur war und jedes Semester aus einem anderen Ort anreiste. Die Tippeltappeltour der Vertretungen schien ihn genauso wenig zu stören wie die Ungewissheit, ob er mit seiner Forschung, die in der Geschichte angesiedelt war, überhaupt eine Berufungschance hat in einer gegenwartsfixierten Fachgemeinschaft. Weißt Du, Michael, höre ich ihn noch sagen, mir ist eigentlich egal, ob ich in Berlin Professor werde, in Paderborn oder in Greifswald. Mir ist auch egal, ob das eine C4-Stelle wird oder C3. Ich werde weitermachen wie bisher.

So ist es dann auch gekommen.

Das Gegenstück habe ich später bei einem Lauftreff kennengelernt, der jeden Dienstag ein paar Leute aus dem LMU-Institut zusammenführte, an dem ich seit 2002 bin. Das Gebäude liegt direkt am Englischen Garten. Einmal über die Straße und schon ist man im Grünen. Das Tempo war stets so, dass man reden konnte, und das Thema lag auf der Hand, wenn ein Professor dabei ist. Was muss ich tun, um an der Universität Karriere zu machen?

Ich erzähle das hier aus zwei Gründen. Zum einen hat sich die Antwort geändert, und zum anderen war ich am Ende nicht mehr Ratgeber, sondern staunender Zeuge einer neuen Universitätskultur. Hundert Aufsätze mit Peer Review, sagte mir einmal ein junger Mann, der zu den ersten Bologna-Studenten gehörte und dann wie ein Komet auf eine akademische Laufbahn schoss, erst auf eine Professur im Ausland und dann zurück nach Bayern. Hundert solche Aufsätze wolle er am Ende haben, dabei mindestens einen in jeder Topzeitschrift, von denen die allermeisten in den USA herausgegeben werden. Die Themen? Weiß ich noch nicht. Hauptsache Aufsätze, Hauptsache Zitationen. Schon die Dissertation war er ganz ähnlich angegangen, über eine Seminarbemerkung aus dem Mund des Dekans, dass da etwas wäre, was komischerweise noch niemand richtig erforscht habe, obwohl es maximale Aufmerksamkeit garantiere. Auch diese Vorhersage hat sich erfüllt.

Die Zahl einhundert, beim Laufen ausgesprochen, kurz nach der Promotion, war dabei eine Untertreibung. Schon jetzt, mit noch nicht einmal 40, hat der Kollege diese Marke passiert. Google Scholar nennt mehr als 2.500 Zitate und einen H-Index von 26. So ein persönliches Profil auf diesem Portal gehört heute dazu. Ich kann hier nicht mit eigenen Zahlen dienen, da ich mich diesem System verweigere, weiß aber nicht nur aus Berufungsverfahren, dass das für dieses Alter ganz ordentliche Werte sind. Wenn im Institut Bewerbungen gesichtet werden, geht es zuerst um diese beiden Zahlen: H-Index und Zitationen. Wenn sich das nicht mit einem Klick finden lässt, ist der Kandidat sofort suspekt. Der Verdacht: Er hat nichts vorzuweisen und versteckt das geschickt.

Den H-Index, benannt nach Jorge Hirsch, einem Physiker, und deshalb manchmal auch Hirschfaktor genannt, gibt es seit 2005. Erst seit 2005. In nicht einmal 20 Jahren hat ein Rechenmodell die Universitäten auf den Kopf gestellt. Die Idee ist verlockend: Ich verdichte die Lebensleistung jedes Wissenschaftlers auf einen einzigen Wert und kann so alles mit jedem vergleichen. Der Medienforscher spielt plötzlich in der gleichen Liga wie Mediziner und Mathematiker. Das Prinzip kann man sich auf Google Scholar anschauen. Die Publikationen werden dort nicht nach Jahren geordnet, sondern nach der Zahl der Zitationen. Oben steht das, was die Kollegen am häufigsten aufgegriffen haben. Ich kann dann in der Liste so lange nach unten gehen, bis die Zahl der Publikationen größer ist als die der Zitationen. Bei manchen ist schon Aufsatz Nummer neun »nur« achtmal zitiert worden (H-Index 8) und bei manchen Nummer 27 »nur« 25 Mal, aber Nummer 26 noch 30 Mal (H-Index 26). Gewinner im Spiel sind die, die viele oft zitierte Texte vorweisen können. Ein Buch, das jeder auf der Welt gelesen hat, reicht nicht. Auch hundert Aufsätze allein reichen nicht. Am besten sollten sechzig dieser Texte mindestens sechzig Mal zitiert worden sein. Mit einem H-Index von 60 ist man laut Hirsch eine einzigartige Forscherpersönlichkeit.

Wer weiß, was dieser Index aus Niklas Luhmann gemacht hätte? Google Scholar kennt diesen Namen, dort gehört er aber einem deutlich jüngeren Mann aus der Nanowissenschaft. Für die Luhmanns von heute ist der H-Index eine Botschaft: Publiziert da, wo mitgezählt wird – in Outlets, die zum *Web of Science* gehören, erfunden vom Medienkonzern Thomson Reuters, der eine Weile auch den *Science Citation Index* hatte und beide Marken 2016 in die Firma Clarivate Analytics überführt hat, inzwischen an der Börse notiert und vorher eine Goldgrube für milliardenschwere Kapitalanleger. Publiziert viel und mit möglichst vielen Kollegen. Zitiert euch selbst und die, die auch viel schreiben und euch dann einen Gefallen schulden. Schließt euch zusammen, vielleicht sogar mit einer eigenen Zeitschrift. Meidet kleine Forschungsfelder, Themen, die nur wenige interessieren, und Sprachen, die im *Web of Science* nicht verstanden werden. Schreibt hin und wieder einen Text, der nur das zusammenfasst, was die anderen veröffentlicht haben, und das am besten noch pointiert kritisiert. So etwas gehört in jede Literaturliste.

Ich weiß nicht, ob sich mein Lauffreund noch an unsere Gespräche erinnert. Wenn ja, lacht er wahrscheinlich über mich. Mein Rat kam aus der alten Welt: Mach das, worauf du Lust hast. Alles andere wird sich dann schon finden.

Heute erkläre ich mir diese Blauäugigkeit mit dem Stolz eines Ostdeutschen, der glaubte, das westliche Universitätssystem endlich verstanden zu haben, und mit der Blindheit eines Beteiligten, der zu nah dran und außerdem nicht wirklich betroffen war, um zu sehen, wie sich die Linien unmerklich verschoben. Die Reviewverfahren bei den US-Zeitschriften habe ich sportlich genommen. Wie schaffe ich es, dort einen Aufsatz über den DDR-Journalismus zu publizieren, obwohl die Gutachter wenig bis gar nichts über dieses Thema wissen und es vermutlich sogar für irrelevant halten? Eigentlich ganz einfach, sagten die Rückmeldungen: Du musst Parallelen ziehen zu Russland und China. Zitate hat das trotzdem kaum gebracht. »Der Osten« ist im Westen selbst dann exotisch, wenn man ihn größer denkt und so tut, als könne man Geschichte in die Gegenwart verlängern. Warum mir das egal sein konnte, wird gleich deutlich werden. Der H-Index und die dahinterliegende Machtstruktur konnten ihre Wucht nur entfalten, weil der Bundestag 2002 die Besoldung von Professoren verändert hat, weil ein Jahr später das Shanghai-Ranking geboren wurde, eine Liste der Top-1000-Hochschulen, die sich ebenfalls auf das *Web of Science* stützt, und weil die Quantifizierung vor nichts Halt macht, nicht einmal vor deutschen Universitäten.

Steffen Mau, ein Soziologe aus Berlin, hat diesen Megatrend in die Formel vom »metrischen Wir« gegossen. Mit Leon Festinger ist der Mensch bei Mau ein »geborener Komparatist« und mit Bourdieu auf der Jagd nach symbolischem Kapital. Wir möchten uns vergleichen. Wir möchten wissen, wo wir stehen. Vor allem möchten wir besser sein als andere, weil davon unser Selbstwert abhängt. So weit, so bekannt. Was neu ist: die Statusangst, die in der *Abstiegsgesellschaft* (Oliver Nachtwey) längst in der Mitte angekommen ist. Die Ökonomisierung mit ihren Fetischen Effizienz, Leistung und Rentabilität. Und die Digitalisierung, die uns mit Daten überflutet. Zehntausend Schritte sollst du gehen am Tag. Und: Hast du deinen Blutdruck heute schon gemessen? Das Bauchgefühl, das uns sagt, was richtig ist, das Urteil, das abwägt und dabei auch um die Besonderheiten dieses einen Falles weiß, der Blick auf die Welt, der Komplexität und Ungewissheiten anerkennt: All das wird abgelöst durch »quantifizierende Ansätze der Bewertung und Vermessung«. Nichts geht mehr ohne Zahlen. Was nicht in Zahlen übersetzt werden kann, existiert nicht länger. In der Sprache des Soziologen Steffen Mau: Zahlen sind »zur Leitwährung der digitalisierten Gesellschaft geworden«. Zahlen versprechen »Präzision, Eineindeutigkeit, Vereinfachung, Nachprüfbarkeit und Neutralität«.

Dass dieses Versprechen hohl ist, sollte jeder Sozialwissenschaftler wissen, der je »im Feld« war und selbst Daten erhoben hat. Was immer wir messen, wird vorher von Menschen festgelegt. Hinter jeder Zahl steht ein Interesse. Daraus folgt: »Es hätte auch anders sein können«. Das ist wichtig, weil Zahlen soziale Felder umbauen und mit ihnen die Gesellschaft insgesamt. Zahlen sind nicht die Wirklichkeit. Sie erzeugen sie erst. Am besten kennt Steffen Mau das Feld der Wissenschaft und das der Universitäten. Er zeigt, wie der H-Index die Forschung vollkommen verändert hat. Bücher schreiben zählt nicht mehr. Auf Deutsch schreiben meist eigentlich auch nicht. Man wird keinen Professor treffen, der diese Diagnose nicht sofort relativiert. Der Index, ja. Eine Zahl. Wichtig ist doch, ob die Texte etwas taugen. Wir lesen schon noch, Herr Kollege. Trotzdem werden die digitalen Visitenkarten mit Google Scholar verlinkt, wenn man dort halbwegs gut im Rennen ist. Trotzdem wird die Presse informiert, wenn Rankings passen, Shanghai vor allem und Times Higher Education (THE), am Start seit 2004. Bei Steffen Mau kann man lesen, dass das Auswärtige Amt zwei Projekte in Tübingen und Dresden gefördert hat, um zu testen, ob man diese beiden Universitäten mit ein paar Geldspritzen nicht etwas weiter nach oben bringen kann. Ergebnis: bei THE jeweils »etwa hundert Plätze«. Welcher Präsident, welcher Rektor wird da nicht anfangen, genau in die Bereiche zu investieren, die die Rankings messen?

Für die Macher solcher Rankings ist das perfekt. Die Welt der Universitäten wird tatsächlich so, wie sie sich das vorgestellt haben, und die Messungen werden immer besser. Muss ich noch schreiben, dass hinter THE das Großkapital steht? Bei Shanghai ist es etwas komplizierter, weil es zunächst nur darum ging, die chinesischen Universitäten zu verorten, und der Westen dann Blut leckte, als er sah, dass die üblichen Verdächtigen vorn liegen (die USA plus Oxford und Cambridge) und das Wahrheitsregime hier von außen geadelt wurde, wobei die wichtigste Quelle, das *Web of Science*, ja direkt vom eigenen Machtblock gefüttert wird. Die Shanghai Jiao Tong Universität hat das Rankingprojekt 2009 auf kommerzieller Basis ausgegründet. Dort werden inzwischen auch Fächergruppen und einzelne Fächer erfasst, in meiner Disziplin zum Beispiel 300 Standorte. Die LMU lag 2022 in der Kommunikationswissenschaft auf Platz 16. Kollegen aus Kolumbien, Rumänien, Südafrika und Russland haben mir unabhängig voneinander erzählt, dass ihre Universitäten vierstellige Dollarsummen ausloben für Artikel, die vom *Web of Science* erfasst werden, so »in Shanghai« helfen und damit Studenten, Studiengebühren und private Geldgeber anziehen.

In Deutschland bremsen Grundfinanzierung und Beamtentum den Umbau der Universitäten zu Unternehmen. Wo die Verträge von Professoren, Dozenten und anderen Forschern befristet sind, nur für das Semester gelten und nicht für die Semesterpause und an ein Prämiensystem gekoppelt sind, das an den Profifußball erinnert, wird der Willkür von Hochschulleitungen genauso Tür und Tor geöffnet wie kommerziellen und sonstigen Interessen. Mit dem Gast aus Kolumbien zum Beispiel konnte ich so lange über die Folgen schimpfen, die all das für die Journalismusforschung hat, bis ich merkte, dass er eigentlich nur einen Co-Autor suchte, um in ein A-Journal zu kommen.

Bei solchen Gesprächen habe ich gelernt: Wer autonome Universitäten will, muss die Entwicklung stoppen und zurückdrehen, die hierzulande in den 1990ern eingeleitet wurde – unter dem Deckmantel von Konzepten wie »New Public Management«, die für den Einzug privatwirtschaftlichen Denkens in die öffentlichen Verwaltungen stehen. Freiheit, das kann man bei David Graeber und David Wengrow lernen, die tief eingetaucht sind in die indigenen Gesellschaften Nordamerikas, Freiheit hat drei Facetten: Versorgungssicherheit unabhängig davon, was man tut, keinem Befehl gehorchen müssen und sich jederzeit neu erfinden können. Niklas Luhmann hätte vermutlich gesagt: So war mein akademisches Leben, ja.

Der Wissenschaftsrat hat schon 1993 gefordert, die Autonomie der Hochschulen zu stärken, dabei aber nicht die Denk- und Forschungsgemeinschaft im Blick gehabt, die den Kern universitären Lebens bildet, sondern die schleichende Entmachtung der akademischen Selbstverwaltung. Hier ist nicht der Ort, die Veränderungen der Hochschulgesetzgebung im Detail nachzuzeichnen und dabei auch auf die Unterschiede von Bundesland für Bundesland einzugehen.

Die Vogelperspektive zeigt: Die Lockerung von politischen Abhängigkeiten, das Leitbild der »unternehmerischen Universität« und das damit verbundene Kennziffernsystem haben den Wettbewerb zwischen Fakultäten, Disziplinen und einzelnen Forschern verschärft oder überhaupt erst ausgelöst und außerdem Entscheidungen nach außen delegiert, die zum genuinen Bestandteil akademischer Arbeit gehören. So gibt es heute fast überall Hochschulräte, besetzt mit großen Namen aus Wirtschaft, Politik und Verwaltung, die das tun dürfen, was früher allein dem Senat vorbehalten war, dem höchsten Selbstverwaltungsgremium.

Im Hochschulrat der LMU, zuständig für die Wahl der Leitung, für die Grundordnung und für die Fakultätsstruktur, sitzen im Sommer 2023 zum Beispiel Katja Wildermuth, Intendantin des *Bayerischen Rundfunks*, Tanja Graf, Leiterin des Münchner Literaturhauses, Karl Huber, lange Präsident des Oberlandesgerichts München und des Bayerischen Verfassungsgerichtshofs, Hans Schleicher, bis 2019 Vize bei der LfA Förderbank Bayern, und Jean-Pierre Bourguignon, sieben Jahre Präsident des Europäischen Forschungsrats, 2007 gegründet, um mit EU-Geldern die Agenda der Universitäten zu bestimmen. Bei der TU München dominieren Wirtschaft und Politik. Continental, Knorr-Bremse, Deloitte, eine Stahlbetonbaufirma, gleich zweimal BMW und Ilse Aigner, CSU-Prinzessin und seit 2018 Landtagspräsidentin.

Natürlich: Im Lehr- und Forschungsbetrieb sind solche Strukturen weit weg. Ich habe registriert, dass meine erste Berufungsurkunde 2002 vom Minister unterschrieben wurde und die zweite dann vom Unipräsidenten, und genau wie meine Kollegen habe ich gestöhnt, als wir unsere Studiengänge plötzlich von einer Agentur akkreditieren lassen mussten, die Geld kostet, tausend Erklärungen wünscht, die wenig mit Wissenschaft zu tun haben und viel mit Verwertbarkeit, und außerdem Menschen aus der Wirtschaft mitreden lässt, die gar nicht wissen, wie ein Seminar abläuft oder was man in einer Abschlussarbeit tut.

Wenn man mittendrin ist, beklagt man den Aufwand, zu dem eine »Begehung« gehört, also ein Besuch der Agentur mit vielen langen Gesprächen, schreibt irgendwelche Erklärungen, um der Form Genüge zu tun, und merkt nicht, wie sich die Maßstäbe für wissenschaftliche Qualität verschieben und damit auch das, was man selbst tut.

Für Professoren ist die Besoldung der stärkste Hebel. Ich habe eine C-Stelle. Mein Gehalt steht in einer

Tabelle. Es ist völlig egal, wie viel ich einwerbe und was ich wo publiziere. Für die Bezahlung ist das Dienstalter entscheidend. Als ich Ende März 2002 die Urkunde mit dem Ministerautogramm bekam, mit gerade 35, wusste ich, auf welcher Stufe ich mit 49 stehen werde.

Dieses System stand spätestens seit den 1990ern unter Beschuss, befeuert von den Leitmedien, die immer wieder jemanden fanden, der über »faule Professoren« schimpfen und Rankings, Dauerevaluierungen für Forschung und Lehre sowie Transparenz fordern durfte. Sicher: Es gab Kollegen, die sich mit der Berufung zur Ruhe gesetzt haben und Studenten Studenten sein ließen. Ausnahmen. Die allermeisten, die ich kenne, lieben das, was sie tun, und arbeiten eher zu viel als zu wenig. Dem Gesetzgeber war das egal. Rot-Grün hat 2005 das W-System eingeführt. Seitdem gibt es für Professoren ein Grundgehalt plus Zulagen – ein paar hundert Euro im Monat, wenn es optimal läuft. Was dafür zu tun ist, wird oft in Zielvereinbarungen festgehalten. Drittmittel, Promotionen und Publikationen, Ämter in der Selbstverwaltung oder im Wissenschaftsbetrieb. Die allermeisten Extras gibt es nur befristet, und nicht alle sind ruhegehaltsfähig.

Das klingt nicht nur kompliziert, sondern ist es auch. Es bindet Energien und führt zu Selbstdarstellungsformen, die an Prostitution erinnern. Um Zulagen zu bekommen, müssen die W-Professoren bei uns alle paar Jahre aufschreiben, was sie alles geleistet haben. Für Kleingeld, wie gesagt. Verzicht ist für manche qua Verfahren ausgeschlossen. An meiner Uni werden W2-Stellen (früher C3) nur noch im *Tenure Track* vergeben. Sechs Jahre plus Lebenszeit-Option, wenn denn die Evaluierung positiv verläuft.

Auch das erinnert an den Profifußball.

Meine C3-Professur war als Lebenszeitstelle ausgeschrieben. In Kapitel 1 habe ich schon angedeutet, dass es dann Zweifel gab wegen der DDR und vielleicht auch wegen meines Alters. Jedenfalls bekam ich bei der Berufung zunächst nur einen Zeitvertrag. Ich habe überall herumgefragt, was ich tun müsse, um die Evaluierung nach drei Jahren zu bestehen. Die Antwort: keine silbernen Löffel klauen. Und: Schreib halt hin und wieder einen Artikel. 2002 gab es an meinem Institut einen Kollegen, der die Hälfte aller US-Zitationen auf sich vereinte, die im ganzen Land gemessen worden waren. Ein Exot. Eine zweite Exotin fuhr in jenem Jahr nach Südkorea, zu einer Tagung, die in den USA für wichtig gehalten wurde. Heute sind die Flure bei uns leer, wenn diese Tagung läuft. Und die jungen Leute posten permanent Publikationserfolge in den USA, Drittmittelspritzen und Projektideen. Societal Impact. Third Mission. Übersetzt: das Ende autonomer Forschung. Dieser Nachwuchs kommt gar nicht mehr auf die Idee, ein Buch wie dieses zu schreiben, sondern macht nur noch das, was politisches Geld verspricht oder auf das Hirsch-Konto einzahlt – zwei Ziele, die schon deshalb oft Hand in Hand gehen, weil sie vom gleichen Geist geschaffen worden sind.

Den Wettbewerb zwischen den Universitäten hat die Politik angeheizt – mit der »Exzellenzinitiative«, die ab

2005 die Stärksten in mehreren Runden noch stärker machte, und mit Zielvereinbarungen, die hier der Forschung galten und dort der Ausbildung. In Bamberg etwa, eine der bayerischen Universitäten, die dafür sorgen sollen, dass die Landeskinder in der Region bleiben, mussten meine Kollegen einmal in einem Herbst 500 Erstsemester immatrikulieren und damit vier- oder fünfmal mehr als sonst.

Hintergrund: Für einen bestimmten Finanzsockel waren 10.000 Studenten nötig. Um diese Marke zu erreichen, öffnete die Hochschulleitung einfach das Fach, das alle anzieht, die »irgendwas mit Medien« machen wollen, und installierte außerdem eine »Lehrprofessur«, eine Stelle mit 13 statt neun Semesterwochenstunden und damit de facto ohne jeden Spielraum für irgendwelche Publikationen. Umgekehrt locken die Topuniversitäten Forscher, die beim H-Index und bei der Geldeinwerbung glänzen, mehr und mehr mit einem Discount bei der Lehre. Der Deal: Ihr sorgt für den Ruhm, von dem dann irgendwie auch die profitieren, die sich derweil um die Studenten kümmern. Es ist natürlich immer noch möglich, dass in Passau, Augsburg oder Würzburg Bahnbrechendes entsteht, anders als vor einem Vierteljahrhundert aber, als wir in Leipzig über Berlin, Paderborn und Greifswald sinnierten, oder gar zu Luhmanns Zeiten ist es längst nicht mehr egal, an welche Universität man berufen wird, wenn man in der Forschung ganz nach oben will.

Das führt direkt zu dem, was ich in der Kapitelüberschrift »Abschreckung« genannt habe. Professoren werden heute auch entlassen oder kaltgestellt. Sie habe gar nicht gewusst, dass das möglich ist, hat mir Heike Egner gleich zu Beginn unseres *Apolut*-Gesprächs im Juni 2023 gestanden.

Egner, Jahrgang 1963, hat viel ausprobiert, bevor sie sich für die Wissenschaft entschieden hat. Eine Ausbildung als Rechtsanwaltsgehilfin, Arbeit in Buchverlagen, Managementseminare, ein Publizistikstudium, Medienforschung beim *ZDF*. Ihre akademische Laufbahn am Geografischen Institut der Uni Mainz beginnt erst mit Mitte Dreißig – etwas, was heute undenkbar wäre. Der Rest klingt dagegen vertraut, wenn man sich mit Uni-Karrieren beschäftigt. Ein Preis für die Dissertation, ein Preis für die Habilitation, Vertretungs- und Gastprofessuren. 2010 dann endlich ein Ruf nach Klagenfurt, wo Heike Egner ab 2011 das Institut für Geographie und Regionalforschung geleitet und, so sagt sie das im Rückblick, vor allem über ihre Forschung wieder auf die Landkarte der deutschsprachigen Fachgemeinschaft gebracht hat.

Im Mai 2018 wurde ihr fristlos gekündigt, an einem Freitag mitten im Semester. Es gab ein paar Medienberichte über »kantige Führungskräfte« und Mobbinganschuldigungen ohne Absender. Es gab eine Klage gegen die Universität, die Heike Egner im Frühjahr 2023 in zweiter Instanz verloren hat, nach fünf langen Jahren. Und es gibt eine Studie zu Entlassungen und Degradierungen, konzipiert und ausgewertet von Heike Egner und Anke Uhlenwinkel, die sich auf 47 Fälle stützt, als wir uns im *Apolut*-Studio treffen.

Manche werden sagen: eine kleine Zahl bei gut 50.000 Professoren in Deutschland, zumal hier auch Österreich und die Schweiz dabei sind, wo man mit Angestelltenverträgen arbeitet und Kündigungen folglich leichter sind. Wenn mein Begriff »Abschreckung« stimmt, spielen die absoluten Werte allerdings keine Rolle. Auch an der Universität ist »Berufsmord« möglich: Das ist die Botschaft, um die es geht. Die Studie von Egner und Uhlenwinkel bestätigt das.

Die Angriffe zielen erstens in aller Regel auf die Person, obwohl es oft um Ressourcen geht. Die Betroffenen sagen zweitens fast durch die Bank, dass rechtsstaatliche Grundsätze mit Füßen getreten wurden. Und drittens: »Ideologische Unbotmäßigkeit« ist erst seit kurzem ein Thema. Die Stichworte hier: Gendern, Migration, Corona.

Die Moralisierung der akademischen Forschung ist, so lässt sich das deuten, der letzte Schritt auf dem Weg zur außengeleiteten Universität, der in den 1990er Jahren begonnen hat und auch deshalb so lange dauern musste, damit sich die Insassen daran gewöhnen können.

Bei einer Allensbach-Umfrage sagten die allermeisten Professoren 2020, dass es gut bestellt ist um die Wissenschaftsfreiheit in Deutschland. Probleme? Der Zeitmangel, ja, und der Druck, möglichst schnell viel zu publizieren. »Political Correctness«?

Nur für 13 Prozent der Befragten ein Problem.

Die Demoskopen haben zwar nach allen möglichen »Einflussfaktoren« und »Hemmnissen« gefragt, dabei aber den Staat ausgelassen. Bezahlt wurde die Studie von der Konrad-Adenauer-Stiftung und vom Deutschen Hochschulverband, der unter anderem die Allianz, Lenovo, MLP und Toyota zu seinen »Premiumpartnern« zählt. Dort wird man sich gefreut haben, dass auch die Wirtschaft einen Persilschein bekam.

Nur 25 Prozent der Professoren sagten, dass »unabhängige Forschung kaum noch möglich« sei, und lediglich zwölf Prozent glaubten, dass Unternehmen »häufig« versuchen, die Ergebnisse zu beeinflussen, wenn sie Geld geben. H-Index? Shanghai, THE und *Web of Science*? Akkreditierungen und W-Besoldung? Exzellenzinitiative, Professuren erster und zweiter Klasse, Hochschulräte, Entlassungen und Degradierungen? All das scheint entweder gottgegeben zu sein oder so weit weg, dass es nicht der Rede wert ist.

Die »Supermacht« (Sheldon Wolin) hat hier ganze Arbeit geleistet.

7. Ausblick

Die Universität der Gegenwart und die Gesellschaft von morgen

»Wer die Universitäten beherrscht, bestimmt, wie wir leben« heißt es auf einer der ersten Seiten in diesem Buch. Der nächste Satz: »Die Universität ist das Nadelöhr, das jeder passieren muss, der irgendwann irgendwo etwas zu sagen haben will.« Wer dort hängenbleibt, wird zu einem der Priester der Gegenwart – umworben von allen, die etwas durchsetzen wollen und die Ressourcen haben, sich Gunst und Segen des akademischen Wahrheitsregimes zu besorgen. Ich spreche dabei nicht von einem Gefälligkeitsgutachten hier und einer Auftragsstudie dort. Die Freiheit der Wissenschaft ist im letzten Vierteljahrhundert systematisch ausgehöhlt worden. Lehre und Betreuung, Politisierung der Forschung, Anreiz- und Abschreckungssysteme: Alle drei Hebel drücken in die gleiche Richtung und werden von den gleichen Akteuren bedient, die man mit Sheldon Wolin »Supermacht« nennen kann, um auf die Hochzeit von Staaten und Weltkonzernen zu verweisen, oder mit Kees van der Pijl »Machtblock«, wenn es um das Zusammenspiel von Geheimdiensten, IT-Giganten und Leitmedien geht.

Die Universitäten stehen dabei auch pars pro toto. Schule und Familie, Klein- und Mittelbetriebe, Parteien, Gewerkschaften und Kirchen, Gerichte und Journalismus: Nahezu alle Institutionen, die in der Vergangenheit Normen und Werte tradiert oder diskutiert und so die öffentliche Meinungs- und Willensbildung genau wie das Handeln von Individuen, Gemeinschaften und Gesellschaften entscheidend beeinflusst haben, können ähnliche Geschichten erzählen. »Supermacht« und Machtblock haben sie entweder schon gekapert und ihrer Eigenlogik beraubt oder unter Beschuss genommen.

Es braucht sicher keinen Ostdeutschen, um das zu erkennen und zu beschreiben, aber es mag von Vorteil sein, einmal erlebt zu haben, wie Narrativ und Wirklichkeit auseinanderklaffen können. Ganz ähnlich wie Birk Meinhardt fand ich das Versprechen des Westens zwar faszinierend und habe die Aufstiegschance genutzt, die damit verbunden war, zugleich aber nicht vergessen, dass die DDR auch an der Blindheit von Parteigängern gescheitert ist, die nicht bereit waren, öffentlich zu sagen, wenn etwas schiefläuft. Ich schließe mich da gar nicht aus. Anpassung und Feigheit, verschämtes Schweigen und sogar Trommeln selbst da, wo Widerspruch angesagt gewesen wäre: All das kennt jeder, der 1989 schon erwachsen war und hinter der Mauer etwas werden wollte.

Birk Meinhardt hat bei der *Süddeutschen* gelernt, dass es auch im größeren Deutschland Wahrheiten gibt, die nicht in der Zeitung stehen dürfen, obwohl der Journalismus doch unabhängig ist, neutral und objektiv und obwohl er dafür sorgen soll, dass wir uns umfassend informieren können, bevor wir an die Wahlurne treten. Kapitalismus, Rechtsstaat, das Bündnis mit den USA. Drei Schlagworte, die wunderbar geeignet sind, um den Raum des Sagbaren abzustecken. Meinhardt hat außerdem gelernt, dass es egal ist, was er in der DDR erlebt und welche Lehren er daraus gezogen hat. Es interessiert einfach niemanden. Der Medienmensch West winkt ab, wenn der Medienmensch Ost ihm etwas zu sagen hätte. »Bist du noch im Widerstand der DDR oder schon in der modernen PR«, fragte mich ein Kollege per Mail, als sich die Leitmedien wegen meiner Herausgeberrolle bei der Wochenzeitung *Demokratischer Widerstand* überschlugen. »Eine aufgeklärte Demokratie und einen kritischen Umgang mit dem Journalismus erreichst du nicht dadurch, dass du dich demokratiefeindlichen Kräften annäherst.«

Der Klassenfeind, ich hör ihn trapsen. Wer etwas sagt, was mir nicht passt, kommt einfach nicht hinein in die Schublade der »demokratischen Parteien«. Dass sich das mit dem Ideal beißt, fällt überhaupt nicht mehr auf. »Mir sind die Werte Wissenschafts- und Meinungsfreiheit sicher sehr wichtig«, schrieb besagter Kollege gleich in seinem zweiten Satz.

Auch solche Disclaimer gab es in der DDR.

Bei den Professoren von heute ist Hopfen und Malz verloren. Ausnahmen bestätigen die Regel. Ich nenne keinen Namen, um nicht einen von denen zu verletzten, die hier unbedingt stehen müssten. Die Unterwerfung der Universitäten war ein Generationsprojekt, gestartet in den 1990ern und ausgestattet mit einer enormen Gestaltungsmacht, zu der nicht nur Geld und Gesetze gehören, sondern auch intellektuelle Ressourcen und die Hoheit über die Kommunikationskanäle, die den Siegeszug der Identitätspolitik genauso auf dem Kerbholz haben wie den Aufstieg von Expertendarstellern, den Abschied der Linken von ihren Kernthemen und ihrer Klientel sowie das, was Paul Schreyer »entkoppelte Regierung« genannt hat oder das »Verschwinden von Verantwortlichkeit und Rechenschaftspflicht« auf allerhöchster Ebene.

Die Befreiung von akademischer Lehre und Forschung wird selbst dann mindestens genauso lange dauern, wenn sie heute beginnt und mit ähnlichem Aufwand betrieben werden würde. Von beidem ist nicht auszugehen. Ich habe beschrieben, dass die ersten Bologna-Professoren gerade erst dabei sind, den Zenit ihrer Laufbahn anzupeilen, und dabei von Studenten getragen werden, die die Pisa-Schule durchlaufen und auf den Digitalplattformen gelernt haben, dass Moral jeden Inhalt schlägt – vor allem das, was der »Wahrheit« widerspricht, die gerade auf allen Kanälen und von allen Autoritäten verkündet wird.

Was tun, wenn man nicht wie in der DDR der späten 1980er auf den Schock warten will, den jeder Realitätscheck früher oder später zwangsläufig mit sich bringt? »Pluralismus von unten«, sagt Michael Esfeld, Philosoph in Lausanne. Gegenentwürfe zu einem Staat, der wissenschaftliche Wahrheit monopolisiert hat und so den öffentlichen Gebrauch der Vernunft erschwert oder gar blockiert. Auf dem Papier liegt Esfeld richtig. Lasst die Menschen probieren und wir werden sehen, was funktioniert, in der Ausbildung, in der Forschung. Aus der Praxis kenne ich die beiden Hindernisse, die nichts mit dem Können oder gar mit dem guten Willen zu tun haben. Die »Supermacht« reagiert allergisch, wenn Gegenentwürfe zu groß werden. Und sie kann sich auf eine Jugend verlassen, die inzwischen nicht nur in den Universitäten den Ton angibt.

Ich kann hier aus vier Projekten berichten, geboren in den Coronajahren, als Studenten plötzlich Einlasskontrollen über sich ergehen lassen mussten.

Am prominentesten ist vermutlich die Hannah-Arendt-Akademie, gestartet im Wintersemester 2021/22. Ich weiß nicht, ob der Name das Problem war oder eine Konstellation, die Maßnahmenkritiker aus sehr unterschiedlichen Disziplinen zusammenführte und so etwas versprach, was in den herkömmlichen Studiengängen längst verlorengegangen ist. Blicke über den Tellerrand. Streit zwischen Schulen. Geistes- und Naturwissenschaften unter einem Dach, oft auf dem gleichen Bildschirm. Lange hat es nicht gedauert. Das Projekt wurde erst in den Leitmedien sturmreif geschossen und dann von einer Hackergruppe zerstört, die eine schützende Hand über sich weiß und vorher schon am Grab von *KenFM* zu sehen war, dem größten Portal der Gegenöffentlichkeit mit 500.000 YouTube-Abos. »Akademie der Coronaverharmloser« stand am 19. November 2021 über einem *taz*-Beitrag von Matthias Meißner, einem Lohnschreiber für steuerfinanzierte Programme.

Die *Süddeutsche Zeitung* legte wenig später nach. »Verschwörungsideologisches Geraune«. Dozenten, die »rechtspopulistischen Strömungen« nahestehen. Dazu »einige bekannte AfD-Unterstützer« – und fertig war eine Atmosphäre, die jeden öffentlichen Protest obsolet machte, als ausgerechnet meine Vorlesung zum »neuen Wahrheitsregime« genutzt wurde, um den Studenten Clownsgesichter und hämische Songs zu präsentieren und nebenbei ihre Daten zu klauen.

Die Hannah-Arendt-Akademie hat sich von dieser Attacke nicht mehr erholt. Es gab dann zwei neue Gefäße, die teilweise aus demselben Personal schöpften. *Die Akademie* von und mit Matthias Burchardt, Erich Hambach, Ulrike Meier sowie *Die Akademie der Denker* mit dem Motor Max Ruppert, Professor für Ingenieurwissenschaften an der TH Ingolstadt. Ich habe bei beiden mitgemacht und weiß deshalb, dass die Hürden überall gleich sind. Selbst das beste Onlinetool ist nur ein schaler Ersatz für die Begegnung vor Ort, auch wenn sich hier buchstäblich Menschen aus aller Welt zuschalten und so ganz unabhängig vom Vorlesungsstoff für eine Bereicherung sorgen. Es ist leichter, Dozenten zu gewinnen als Studenten, und noch einmal leichter, Alte zu begeistern als Junge.

Anders formuliert: Das Versprechen, einen anderen Zugang zur Bildung zu bieten, einen Zugang, der hilft, die hegemonialen Narrative zu durchschauen, erwachsen zu werden und einen Weg ins Leben zu finden, der ohne Vater Staat und Mutter *Tagesschau* zu Zufriedenheit und Glück führt, dieses Versprechen wiegt wenig im Vergleich zu den Zertifikaten, mit denen »Supermacht« und Machtblock winken. Wer mag Zeit und Energie auf ein Pferd verwetten, das erst noch beweisen muss, dass es springen kann, wenn fast alle anderen mit Leistungspunkten und guten Noten schnurstracks auf das Ziel losrasen? *Die Akademie* hat im Juli 2023 kapituliert und ihren Betrieb eingestellt.

In der *Freien Akademie für Medien und Journalismus*, gestartet im Herbst 2022 mit meiner Frau, haben wir gelernt, dass die jungen Leute von heute auch dann Kinder ihrer Generation sind, wenn die Haltung stimmt. Sie wissen, dass die Welt schon deshalb auf sie wartet, weil sie viel weniger sind als die Babyboomer, die gerade Platz machen. Sie haben verinnerlicht, dass sie einzigartig sind und dass sich jemand um sie kümmert, wenn es schwierig wird. Unser Plan war ganz einfach: Wir recherchieren, schreiben, redigieren. Woche für Woche. Journalismus ist ein Handwerk, das man lernen kann. Wer gut sein will, das gilt für jedes Handwerk, muss üben, Kritik zulassen und sich hin und wieder quälen.

Wir haben das in langen Auswahlgesprächen abgeklopft und dann mit zwölf Leuten angefangen. Nummer eins und zwei waren nach dem ersten Präsenzwochenende weg. Ein Mädchen wollte doch »ganz normal« weiterstudieren, obwohl die Uni sie vorher mit Maske und Impfung schikaniert hatte. Ihre Kommilitonin hat sich nicht einmal abgemeldet.

Um die Geschichte abzukürzen: Nach einem Jahr konnten wir fünf Zeugnisse überreichen. Fünf, die das Programm durchgehalten haben. Fünf Hoffnungsträger, wenn man so will, nicht nur wegen der großartigen Stücke, die entstanden sind. Von den anderen haben einige gemerkt, dass der Journalismus doch nichts für sie ist. Okay. Auch das gehört zu einer Ausbildung.

Was uns viel mehr irritiert hat: der Glaube, schon perfekt zu sein, und der Unwille, sich auf einen Journalismus einzulassen, der rausgeht zu den Menschen und im Wortsinn sagen will, was dort ist. Information statt Belehrung. Recherche statt Bauchgefühl. Neugier auf andere und anderes statt Selbstbespiegelung.

Was für meine Generation und die noch Älteren selbstverständlich war, ist unseren Kindern und Enkeln ausgetrieben worden. Damit wird jeder »Pluralismus von unten« zu rechnen haben.

»Wo aber Gefahr ist, wächst das Rettende auch«: Dieser Hölderlin taugt immer als Gegengift, wenn der Pessimismus übermächtig zu werden droht. Ich meine damit gar nicht die fünf Absolventen und auch nicht die Älteren, die mit uns einen Kompaktkurs gemacht haben und jetzt zu schreiben beginnen, oder die ich seit 2020 bei einer der vielen Veranstaltungen getroffen habe, auf denen ich sprechen durfte, Menschen oft, die vorher unpolitisch waren, sich plötzlich verwundert die Augen rieben und nicht glauben wollten, in welcher Gesellschaft sie gelandet sind. Dort wächst etwas, was sich nicht so leicht zerstören lassen wird, weil es in einer existenziellen Entscheidung wurzelt und weil es Erfahrungen zusammenbringt, die sich gegenseitig befruchten.

Schon Vaclav Havel hat auf Parallelstrukturen gesetzt, vor einem halben Jahrhundert, in einem ganz anderen Kontext. Das »posttotalitäre System«, von dem dieser Künstler, Jahrgang 1936, als Augenzeuge sprechen kann, ist »auf dem Boden der historischen Begegnung der Diktatur mit der Konsumgesellschaft gewachsen« und auch deshalb »eine Art Memento für den Westen« gewesen, weil der Osten schon damals »seine latenten Richtungstendenzen« enthüllt hat. Hier wie dort beobachtet Havel eine »allgemeine Unlust des Konsummenschen«, »etwas von seinen materiellen Sicherheiten zugunsten seiner geistigen und sittlichen Integrität zu opfern«.

Auf eine Formel gebracht: »Es geht um etwas viel Schlimmeres – um die Krise der Identität selbst«. Havels Schlüsselbegriff heißt Ideologie. Das ist zunächst nicht weiter verwunderlich, wenn es um Gesellschaften im sowjetischen Einflussbereich geht. Vaclav Havel interessiert sich aber nur am Rande für Marx, Engels oder Lenin. Ideologie ist für ihn ein »Instrument der Kommunikation innerhalb der Machtstruktur, die ihr den inneren Zusammenhalt sichert« – ein Instrument, das viel wichtiger ist als die »physische« Seite der Macht. Ideologie: Das ist »einer der Pfeiler der äußeren Stabilität dieses Systems«. Dieser Pfeiler ist allerdings, das kommt als Havels Clou, »auf Sand gebaut – nämlich auf der Lüge«.

Um das nachvollziehen zu können, muss man seine Begrifflichkeit übernehmen. Ideologie ist bei ihm die »Machtinterpretation der Wirklichkeit«. In meiner Sprache und auf das Hier und Jetzt gemünzt: die Realität der Leitmedien. Vaclav Havel sagt: Die Machtinterpretation hat »in ihrem Wesen die Tendenz, sich von der Wirklichkeit zu emanzipieren, eine Welt des ›Scheins‹ zu schaffen, sich zu ritualisieren«. Das Beispiel, an dem Havel das ausbuchstabiert, hat auf den ersten Blick wenig mit uns zu tun. Ein Gemüsehändler, der in seinem Laden eine Losung aufhängt. *Proletarier aller Länder, vereinigt euch!* In einem Gemüseladen, wie gesagt, wo die Proletarier weit weg sind und die anderen Länder sowieso.

Der Inhalt, das wird schnell klar, spielt aber gar keine Rolle. Wichtig ist nur, dass es sich um »gewisse ›überpersönliche‹ und zweckfreie Werte« handelt, die es dem Gemüsehändler erlauben, das Gesicht zu wahren und die »Erniedrigung« zu verschleiern, die mit dem Anbringen der Parole verbunden ist. Hinter der Fassade des Zitats aus dem *Kommunistischen Manifest* steckt eine ganz andere Botschaft, »nach oben gerichtet, an die Vorgesetzten«: »Ich habe Angst und bin deshalb bedingungslos gehorsam«. Der Ladenbetreiber versteckt sich hinter etwas »Höherem« – genau wie seine Kunden oder der Funktionär, »der sein Interesse, sich an der Macht zu halten, in Worte von seinem Dienst an der Arbeiterklasse kleiden kann«.

Jeder mag in sich gehen und nach dem »Höheren« suchen, auf das man sich heute berufen kann und manchmal auch muss, wenn man aufsteigen, oben bleiben oder wenigstens seine Ruhe haben will.

Ich buchstabiere das hier nicht aus, weil sich die Narrative immer schneller drehen.

Vaclav Havel hat sein Programm in einen Buchtitel gepackt. »Politische Arbeit im traditionellen Sinne des

Wortes«, eine »Widerstandsbewegung« gar? Keine Chance. Nicht die »geringste Hoffnung auf eine minimale soziale Resonanz«, da die »grundsätzlichen Konflikte« in posttotalitären Gesellschaften »vor allem im Menschen« selbst verlaufen.

Havels Empfehlung: »das Spiel als solches« abschaffen. Jedem zeigen, dass es anders geht. Die Gegenprobe liefern, wenn man so will. In »der Wahrheit leben«, das »Leben in Lüge« so als Prinzip negieren und damit »als Ganzes« bedrohen, weil das System »Universalität« braucht: »Es muss alles umfassen und alles durchdringen«. Dieses Leben »in Wahrheit« wird schon deshalb nicht konkret, weil es Havel um ein »sehr weites, unklar abgegrenztes und sehr schwer fixierbares Gebiet kleiner menschlicher Handlungen« geht. »Der größte Teil dieser Versuche verbleibt in der Phase der elementaren Auflehnung gegen die Manipulation: Der Einzelne richtet sich auf und lebt – als Einzelner – würdiger«.

Wer die ideologischen Volten der Gegenwart nicht mitmachen kann oder will, findet in Vaclav Havel nicht nur einen Leidensgenossen, sondern auch einen Ratgeber – nicht irgendeinen, sondern jemanden, den die Geschichte legitimiert und vielleicht sogar freigesprochen hat. Auswandern, ins Kloster gehen, vor Gericht ziehen? Nein, nein und ja, antwortet Vaclav Havel. Die »Rechtsordnung« sieht er auf der gleichen Stufe wie die Ideologie – ein »Alibi«, das die Machtausübung »in das erhabene Gewand ihres ›Buchstabens‹« hüllt und deshalb gebraucht wird. Havel sagt: Nehmt das System beim Wort, beruft euch auf das Gesetz und bedroht so

»den ganzen verlogenen Bau eben in seiner Verlogenheit«. Und: Stärkt die »zweite Kultur«, zu der Medien gehören, Theater und Konzerte sowie selbstverständlich alles, was mit Bildung zu tun hat. In eine Frage gekleidet: »Sind nicht diese informellen, unbürokratischen, dynamischen und offenen Gemeinschaften, diese ganze ›parallele Polis‹, eine Art Keim oder symbolisches Mikromodell jener sinnvollen ›postdemokratischen‹ politischen Strukturen, die eine bessere Ordnung der Gesellschaft begründen könnten?«

Wem diese Antwort zu dünn ist und wer nicht so lange warten will wie Vaclav Havel, der schon in den 1960er Jahren sah, dass die tschechoslowakische Version des Sozialismus nicht von Dauer sein würde, der kann immer noch auf die Eigenlogik und die Resilienz der Systeme bauen. Warum soll Wissenschaft nicht wieder Wissenschaft werden – disziplinierte Skepsis, die ihre Fragen selbst formuliert, sich dabei auf die Suche nach der Wahrheit beschränkt und Interpretation wie Moralisierung anderen überlässt? Das ist auch deshalb nicht ausgeschlossen, weil jede Schmalspurbildung andere Systeme in ihrer Funktionalität bedroht.

Ich denke dabei an den Abteilungsleiter einer Rundfunkanstalt, der sich bei mir nicht nur über Rechtschreibung und Kommasetzung beklagte, sondern auch über junge Menschen, die Journalisten sein wollen, aber auf seine Anweisungen warten.

Ich denke auch an den Wirt, der von Eltern hören muss, dass ihre Sprösslinge ein Auto brauchen oder wenigstens ein Smartphone, wenn sie bei ihm anfangen sollen. Dieser Wirt sagt, dass seine Lehrlinge nur die Arbeit sehen, die er ihnen morgens aufschreibt. Zerbricht außer der Reihe ein Glas, bleiben die Scherben einfach liegen.

Ich übertreibe, aber nur ein bisschen. Wir sollten weder unsere Zeitungen verlorengeben noch unsere Schulen und Universitäten.

Tipps zum Nach- und Weiterlesen

Ich verzichte in diesem Buch auf Fußnoten und andere Formen des Zitierens und Belegens und verweise stattdessen erstens auf meine Blogs (jeweils mit Suchfunktion), in denen ich die allermeisten der erwähnten Texte rezensiert oder anderweitig verarbeitet habe und dabei auch die nötigen Seitenangaben liefere, um die Zitate finden zu können, zweitens auf diese Texte selbst und drittens auf meine eigenen Publikationen, die das Fundament dieses Buches bilden.

1. Blogs

Medienrealität (April 2017 bis Oktober 2022): *https://medienblog.hypotheses.org/*

Medien+ (seit Oktober 2022): *https://www.freie-medienakademie.de/medien-plus*

Das mediale Erbe der DDR (seit 2019): *https://medienerbe.hypotheses.org/*

ForDemocracy (2018 bis 2022): *https://fordemocracy.hypotheses.org/*

Biografisches Lexikon der Kommunikationswissenschaft (seit 2013, mit Thomas Wiedemann): *http://blexkom.halemverlag.de/*

Institut für kritische Gesellschaftsforschung (seit 2022, mit Hannah Broecker und Dennis Kaltwasser): *http://www.kritischegesellschaftsforschung.de/*

2. Literatur

Giorgio Agamben: An welchem Punkt stehen wir? Die Epidemie als Politik. Wien: Turia + Kant 2021

Hannah Arendt: Wahrheit und Lüge in der Politik. Zwei Essays. München: Piper 2016

Theodor M. Bardmann, Dirk Baecker (Hrsg.): »Gibt es eigentlich den Berliner Zoo noch?« Erinnerungen an Niklas Luhmann. Konstanz: UVK 1999

Thomas Bauer: Die Vereindeutigung der Welt. Über den Verlust an Mehrdeutigkeit und Vielfalt. Stuttgart: Reclam 2022

Ulrich Beck: Die Metamorphose der Welt. Berlin: Suhrkamp 2017

Peter L. Berger, Thomas Luckmann: Die gesellschaftliche Konstruktion der Wirklichkeit. Frankfurt am Main: Fischer Taschenbuch 2016

Pierre Bourdieu: Das Elend der Welt. Studienausgabe. Konstanz: UVK 1997

Pierre Bourdieu: Vom Gebrauch der Wissenschaft. Für eine klinische Soziologie des wissenschaftlichen Feldes. Konstanz: UVK 1998

Peter J. Brenner: »Kampf gegen rechts« – eine neue Wissenschaft. In: Tumult, Sommer 2022, S. 20-25

Peter J. Brenner: Auf dem Weg zur Regierungswissenschaft. Tumult-Dossier vom 8. Juni 2022

Mathias Bröckers: Mythos 9/11. Die Bilanz des Jahrhundertverbrechens – 20 Jahre danach. Frankfurt am Main: Westend 2021

Andreas von Bülow: Die CIA und der 11. September. Internationaler Terror und die Rolle der Geheimdienste. München: Piper 2003

Manuel Castells: Die Internet-Galaxie. Wiesbaden: VS Verlag für Sozialwissenschaften 2005

Heike Egner, Anke Uhlenwinkel: Entlassung und öffentliche Degradierung von Professorinnen. Eine empirische Analyse struktureller Gemeinsamkeiten anscheinend unterschiedlicher »Fälle«. In: Beiträge zur Hochschulforschung 43. Jg. (2021), Nr. 1-2, S. 62-84

Heike Egner, Anke Uhlenwinkel: Zertifikat als Grundrecht? Über Leistungsansprüche und -erwartungen im Kontext struktureller Veränderungen an Universitäten. In: Das Hochschulwesen, Nr. 1+2/2023, S. 27-42

Thomas Eisinger: Hinter der Zukunft. Roman. Selbstverlag 2021

Michael Esfeld: Land ohne Mut. Eine Anleitung für die Rückkehr zu Wissenschaft und Rechtsordnung. Berlin: Edition Achgut 2023

Leon Festinger: A theory of social comparison processes. In: Human Relations 7. Jg. (1954), S. 117-140

Michel Foucault: Archäologie des Wissens. Frankfurt am Main: Suhrkamp 1981

Michel Foucault: Die Ordnung des Diskurses. Mit einem Essay von Rolf Konersmann. Frankfurt am Main: Fischer Taschenbuch 2014

Michel Foucault: Die Regierung der Lebenden. Vorlesungen am Collège de France 1979–1980. Berlin: Suhrkamp 2014

Carsten Germis: Der »Davos Man« und die Geburt des Neomerkantilismus. In: Tumult, Winter 2022/23, S. 29-33

David Graeber, David Wengrow: Anfänge. Eine neue Geschichte der Menschheit. Stuttgart: Klett-Cotta 2022

Vaclav Havel: Versuch, in der Wahrheit zu leben. Reinbek: Rowohlt 1989

Hannes Hofbauer: Zensur. Publikationsverbote im Spiegel der Geschichte. Vom kirchlichen Index zur YouTube-Löschung. Wien: Promedia 2022

Max Horkheimer, Theodor Adorno: Dialektik der Aufklärung. Philosophische Fragmente. Amsterdam: Querido 1947

Detlef Horster: Niklas Luhmann. München: C. H. Beck 1997

Daniel Kehlmann: Tyll. Roman. Reinbek bei Hamburg: Rowohlt 2017

Erik Koenen: Erich Everth – Wissenstransformationen zwischen journalistischer Praxis und Zeitungskunde. Biographische und fachhistorische Untersuchungen. Berlin: Lit 2019

Christian Kreiß: Gekaufte Wissenschaft. Wie uns manipulierte Hochschulforschung schadet und was wir dagegen tun können. Hamburg: tredition 2020

Niklas Luhmann: Die Gesellschaft der Gesellschaft. Zwei Teilbände. Frankfurt am Main: Suhrkamp 1997

Christoph Lütge, Michael Esfeld: Und die Freiheit? Wie die Corona-Politik und der Missbrauch der Wissenschaft unsere offene Gesellschaft bedrohen. München: riva 2021

Steffen Mau: Das metrische Wir. Über die Quantifizierung des Sozialen. Berlin: Suhrkamp 2017

Birk Meinhardt: Wie ich meine Zeitung verlor. Ein Jahrebuch. Berlin: Das Neue Berlin 2020

Oliver Nachtwey: Die Abstiegsgesellschaft: Über das Aufbegehren in der regressiven Moderne. Berlin: Suhrkamp 2016

Dirk Oschmann: Der Osten: eine westdeutsche Erfindung. Berlin: Ullstein 2023

Thomas Petersen: Forschungsfreiheit an deutschen Universitäten. Allensbach: Institut für Demoskopie 2020

Horst Pöttker (Hrsg.): Öffentlichkeit als gesellschaftlicher Auftrag. Klassiker der Sozialwissenschaft über Journalismus und Medien. Konstanz: UVK 2001

Kees van der Pijl: Die belagerte Welt. Corona: Die Mobilisierung der Angst – und wie wir uns daraus befreien können. Ratzert: Der Politikchronist 2021

Neil Postman: Wir amüsieren uns zu Tode. Urteilsbildung im Zeitalter der Unterhaltungsindustrie. Frankfurt am Main: S. Fischer 1985

Richard David Precht, Harald Welzer: Die vierte Gewalt. Wie Mehrheitsmeinung gemacht wird, auch wenn sie keine ist. Frankfurt am Main: S. Fischer 2022

Roland Rottenfußer: Strategien der Macht. Wie die Eliten uns die Freiheit rauben und wie wir sie zurückgewinnen. München: Rubikon 2023

Paul Schreyer: Die entkoppelte Regierung. In: Multipolar vom 15. September 2022

Harald Schulze-Eisentraut, Alexander Ulfig (Hrsg.): Angriff auf die Wissenschaftsfreiheit. Wie die Cancel Culture den Fortschritt bedroht und was wir alle für eine freie Debattenkultur tun können. München: FBV 2022

Raymond Unger: Die Wiedergutmacher. Das Nachkriegstrauma und die Flüchtlingsdebatte. München: Europaverlag 2018

Raymond Unger: Vom Verlust der Freiheit. Klimakrise, Migrationskrise, Coronakrise. München: Europaverlag 2021

Raymond Unger: Die Heldenreise des Bürgers. Vom Untertan zum Souverän. München: Europaverlag 2023

Martin Wagener: Die praktischen Grenzen der Wissenschaftsfreiheit: ein persönlicher Erfahrungsbericht. In: Harald Schulze-Eisentraut, Alexander Ulfig (Hrsg.): Angriff auf die Wissenschaftsfreiheit. München: FBV 2022, S. 187-204

Ernst Wolff: World Economic Forum. Die Weltmacht im Hintergrund. Hamburg: Klarsicht 2022

Sheldon S. Wolin: Umgekehrter Totalitarismus. Faktische Machtverhältnisse und ihre zerstörerischen Auswirkungen auf unsere Demokratie. Mit einer Einführung von Rainer Mausfeld. Frankfurt am Main: Westend 2022

Shoshana Zuboff: Das Zeitalter des Überwachungskapitalismus. Frankfurt am Main: Campus 2018

3. Texte von Michael Meyen

»Wir haben freier gelebt«. Die DDR im kollektiven Gedächtnis der Deutschen. Bielefeld: transcript 2013

Internationalization Through Americanization: The Expansion of the International Communication Association's Leadership to the World. In: International Journal of Communication 10. Jg. (2016), S. 1489-1509 (mit Thomas Wiedemann)

Die Kurden. Ein Volk zwischen Unterdrückung und Rebellion. Frankfurt am Main: Westend 2018 (mit Kerem Schamberger)

Peter Glotz und die Kommunikationswissenschaft. In: Frank Ettrich, Dietmar Herz (Hrsg.): Peter Glotz – Fechtmeister und Sänger. Die Rolle von politischen Intellektuellen im Zeitalter der Postdemokratie. Opladen: Budrich 2018, S. 171-186

Die Definitionsmacht der Kommunikationswissenschaft. Ein Plädoyer für eine »wissenschaftsgeschichtliche Besinnungspause« und eine Replik auf »Woher kommt und wozu führt Medienfeindlichkeit?« in M&K 3/2018. In: Medien & Kommunikationswissenschaft 67. Jg. (2019), S.77-87

Damit ist jedes Ihrer Argumente wertlos. Interview zum Thema Kontaktschuld (Interviewer: Jakob Buhre). In: Planet Interview, 14. Juli 2020

Das Erbe sind wir. Warum die Leipziger Journalistik zu früh beerdigt wurde. Meine Geschichte. Köln: Herbert von Halem 2020

Die Propaganda-Matrix. Der Kampf für freie Medien entscheidet über unsere Zukunft. München: Rubikon 2021

Auf dem Weg zum Wahrheitsministerium. In: Multipolar vom 9. Oktober 2021

Das Elend der Medien. Schlechte Nachrichten für den Journalismus. Köln: Herbert von Halem 2021 (mit Alexis von Mirbach)

#allesdichtmachen: 53 Videos und eine gestörte Gesellschaft. Mit einer Coronalogie von Dennis Kaltwasser und einer Tagesspiegel-Anamnese von Dietrich Brüggemann. Köln: Ovalmedia 2022 (mit Carsten Gansel und Daria Gordeeva).

Medienlenkung 2.0 (Staat.Konzerne). Ein Lehrstück aus dem umgekehrten Totalitarismus. In: Tumult, Sommer 2022, S. 14-18

Die Unterwerfung der Universitäten. Ein zweites Lehrstück aus dem umgekehrten Totalitarismus. In: Tumult, Herbst 2022, S. 26-29

Die Twitter-Öffentlichkeit. Oder: Wie eine Plattform aus dem Silicon Valley unsere Wirklichkeit umbaut. In: Tumult, Winter 2022/23, S. 15-19

Cancel Culture revisited. Leitmedien, akademisches Prekariat und weiche Zensur. In: Tumult, Frühjahr 2023, S. 8-11

Wir sind die anderen. Ostdeutsche Medienmenschen und das Erbe der DDR. Köln: Herbert von Halem 2023 (mit Bianca Kellner-Zotz)

ISBN 978-3-89793-377-4

Umschlaggestaltung: Buchgut, Berlin
Satz: edition ost
Druck: Printed in the EU

www.eulenspiegel.com